날마다 기적의 삶

날마다
기적의 삶

초판 1쇄 인쇄　2023년 1월 13일
초판 1쇄 발행　2023년 1월 20일

지은이　전리사
편 집　송수자

펴낸곳　엎드림 출판사
등 록　제2021-000013호
주 소　17557 경기도 안성시 공도읍 심교길 24-5
전 화　010-6220-4331

구입문의　www.amazon.com

　　　　　김인옥
　　　　　02-2296-2625, 010-5299-8377
　　　　　inokim0500@gmail.com

　　　　　엎드림출판사 이요섭

ⓒ 2023. 전리사 all rights reserved.

값 17,000원
ISBN 979-11-977654-8-3 03230

이 책의 한국어판 저작권은 저자에게 있으며, 출판권은 출판사가 소유하고 있습니다.
출판사의 사전 승인 없이 책의 내용이나 표지 등을 복제, 인용할 수 없습니다.

아무리 기도해도 응답받지 못하고 있습니까?

날마다 기적의 삶

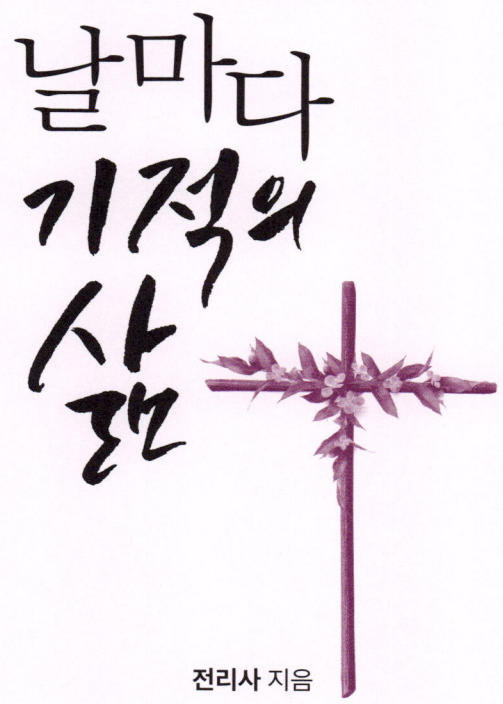

전리사 지음

엎드림 출판사
UP DREAM

추천의 글

날마다 기적의 삶

『날마다 기적의 삶』 저자 전리사 목사님과 함께한 만남의 시간을 돌아봅니다.

내 눈에 전 목사님은 겉으로는 전혀 고생 없이 아주 평탄하게 행복한 삶을 사셨던 분으로 보였습니다. 그러나 선교의 동역자로, 기도의 동역자로 오랜 시간을 함께 지내는 동안 전 목사님은 여느 사람과는 다르다는 것을 알게 되었습니다. 전리사 목사님은 오랜 시간동안 훈련된 기도생활로 인해 영적으로 잘 다듬어진 하나님의 사람입니다.

『날마다 기적의 삶』에는 전 목사님 삶의 여정 속에 일어났던 다이내믹한 사건들이 진솔하게 고백되어 있습니다. 전 리사목사님은 하나님과 친밀하게 동행하며 "날마다 기적의 삶"을 체험하며 살았습니다. 어떤 상황에도 변함없이 꾸준하게 기도의 자리로 나아가며 하나님과 눈물로 교제를 쌓았습니다. 그리고 그때마다 하나님은 상상할 수 없는 방법으로 응답해 주셨습니다.

독자들은 이 책을 통하여 무엇이 전 목사님의 기나긴 굴곡의 시간들을 견디게 했고, 헤쳐 나올 수 있게 했는지 배우게 될 것입니다. 또한 이 책에 드러난 영적 경험들이 주님의 응답을 고대하는 모든 분에게 주님을 향한 열정과 사모함을 더하도록 할 겁니다.

동시에 독자들에게 더욱더 깊은 기도의 자리로 나아가도록 도전을 주기에 충분하다고 믿고 이 책을 추천합니다.

나 역시 『날마다 기적의 삶』 원고를 읽으며 욥의 고백이 떠올랐습니다.

> "나의 가는 길을 오직 그가 아시나니 그가 나를 단련하신 후에는 내가 정금같이 나오리라"(욥 23:10)

김경식 대표
(GSM 선한목자선교회 국제대표)

추천의 글

하나님의 선하신 꿈과
그 뜻을 따라

　전리사 목사님의 책을 읽고 첫 번째 다가온 것은 순수함과 정직함이었습니다. 자신의 삶속에 일어난 많은 일을 하나님의 관점과 자신의 솔직한 심정으로 가감 없이 표현하였습니다. 자신의 뜻이 아닌 오직 하나님의 뜻을 갈급해하며 하나님의 마음을 헤아려 가는, 그야말로 하나님 앞에 서 있는 절대적인 순수함을 볼 수 있었습니다. 그리고 때로는 자신의 한계로 인한 문제나 어려움을 조금도 숨기지 않고 하나님 앞에 그대로 가져가는 정직함을 볼 수 있었습니다.

　"엎드림(Updream)"이란 선교단체 이름을 처음 설명하신 모습이 인상이 깊었습니다. 기도 가운데 하나님께서 허락하신 이름을 받으셨다고 하시면서 얼마나 좋아하셨는지 그날의 모습이 아직도 눈에 선합니다. 그 이름처럼 순수하고 정직한 자세로 자신의 꿈이 아닌 하나님의 꿈과 뜻을 높이 올려 드리는 저자의 모습을 이 책에서 발견하게 될 것입니다.

> 너희는 이 세대를 본받지 말고 오직 마음을 새롭게 함으로 변화를 받아 하나님의 선하시고 기뻐하시고 온전하신 뜻이 무엇인지 분별하라(로마서 12:2)

자신의 이익이나 꿈을 실현시켜야 성공한다는 이 시대에 반하여 참으로 하나님의 선하신 꿈과 그 뜻을 따라 살아가는 전리사 목사님의 책을 기쁜 마음으로 추천합니다.

이 헌 목사
(GSM 사무총장)

추천의 글

하나님과 동행하는 삶

글을 쓰는 것은 나를 돌아보는 가장 좋은 방법입니다. 그런 의미에서 자신의 삶을 이렇게 자신 있게 내놓을 수 있는 분이 또 있을까 할 정도로 전리사 목사님은 확실한 기도 응답에 의한 증인의 삶이었습니다.

하나님께서 그와 함께하시고, 인도하신 삶의 순간들을 이 책만큼이나 꼼꼼히 챙겨 다룬 책도 흔치 않습니다.

이 책은 우리 삶 속에서 하나님께 기도하고 응답받은 일상에서 일어난 기적의 순간들을 성경적으로 제시합니다.

특별히 우리 그리스도인들은 어떠한 환경에도 불구하고 우주 만물의 창조주 하나님의 주권에 절대적으로 의탁하고 순종하는 믿음의 삶을 사는 것이 필수적입니다. 책을 읽는 동안 느낀 것은 전 목사님은 어려울 때나 기쁠 때나 언제나 하나님께 간구하고 전능자의 계시를 때로는 꿈을 통하여, 성령의 음성을 들으며 하나님과 동행하는 삶을 살아

왔다는 것입니다.

최근에 우리는 수년간 코로나로 인한 어렵고 힘든 고통의 터널을 지나가고 있습니다. 때로는 답답하고, 기댈 곳 없이 홀로 남겨진 어두운 밤처럼 좌절하고 고통스럽게 지나고 있는 이웃들에게도 이 책은 새벽의 힘찬 기상을 가능하게 하는 행복한 선물이 될 것입니다.

이 책을 손에 잡은 성도들에게 하나님께서 축복과 언약의 말씀으로 붙들게 하고, 믿지 않는 이웃들에게는 하나님이 어떤 분이라는 사실을 알게 하고, 믿는 자들에게는 기적으로 역사하시는 하나님의 은총을 만나게 되며, 천성을 향하여 가는 동역자들에게는 흔들리지 않고 걸어가는 여정에서 축복의 통로를 만나게 되는 방법을 알게 할 것입니다.

이요섭 목사
(엎드림교회 담임목사)

> 추천의 글

잃었던 감사의 첫사랑

　일반적으로 책의 추천서는 훌륭한 목사님이나 이름 있는 교수님들이 씁니다. 그러나 나는 목사도 교수도 아닙니다. 내놓을 것이 하나도 없는 평범한 평신도 집사일뿐 입니다.
　한때는 내게도 구원의 감격과 감사로 무조건 눈물을 흘렸던 시간이 있었습니다. 세상에 떠도는 재물을 하나님 나라로 옮겨 드리는 사업가가 되겠다는 통 큰 결심도 했습니다.
　세월의 흐름 속에 하나님은 내게 많은 복을 주셨습니다. 예전에 비해 삶은 풍요로워졌고 많은 것을 누리고 살게 되었습니다.
　그런데 나도 모르는 사이에 감사를 잊어버렸습니다. 어느 날 코로나19에 걸리고 하나님은 강권적으로 격리시키며 이 책을 읽게 하셨습니다. 『날마다 기적의 삶』 이 책은 그동안 무엇으로도 채워지지 않았던 만족감이 감사의 초심을 잃어버렸기 때문이라는 것을 깨닫게 해주었습니다.

이 책에 나오는 많은 간증 속에 나는 등장하고 있습니다. 어려서부터 밤을 새워 눈물로 기도하시는 어머님의 기도소리는 언제나 내게 자장가였습니다. 어머님 인생의 험난한 골짜기를 함께 걸었기 때문에 새로울 게 없는 책이라 생각했었습니다.

이 책을 한 장 한 장 읽어가며 지난날 늘 감사가 넘쳤던 잊고 살았던 잃어버린 첫사랑이 기억났습니다. 또한 하나님이 얼마나 내 인생에 많은 영향력을 행사 하셨는가? 그동안 감사할 것들이 얼마나 많았는데 잊고 살았던가? 깊이 반성하게 되었습니다. 작은 일에도 감사할 때 그때가 행복했습니다. 그립습니다.

마지막 페이지를 다 읽고 책을 덮으며 이 책을 쓰신 어머님과 이 모든 일을 행하신 하나님께 감사를 드립니다. 감사의 첫사랑을 잃은 분들에게 이 책을 추천합니다.

Daniel Chun

서문

이 책은 기도 가운데 하나님과 친밀하게 교제하며 고백된 진솔한 삶의 기록이다. 그리고 하나님의 임재를 애타게 사모하며 황홀한 사랑의 나눔이 배어 있는 눈물의 부르짖음이다. 또한 나의 삶 속에서의 실수, 부서짐, 역경 가운데 꽃피운 열매들을 고백하고 있다. 이 고백을 함께 나눔으로, 독자들도 하나님과 관계가 향상되고, 기도 응답이 더욱 증강되기를 소망한다.

솔직한 글을 쓴다는 것은 만인 앞에서 자신의 모든 것을 드러내야 한다. 게다가 목사가 되어 자기 자신을 드러내는 글을 쓴다는 것은 더욱 조심스럽고 어려운 일이다. 다행히 나이 70이 훌쩍 넘어 버렸다는 사실이 나를 용감하게 만들어준다. 그러므로 젊어서 보다 더 진솔한 글을 쓰게 됨이 감사하다.

예전에는 나이 70이 넘으면 무슨 옷을 입을까? 헤어스타일은 어떻게 할까? 고민하지 않으리라 생각했었다. 그런데 70이 넘어도 나이와 관계없이 나를 지키고 나 답게 살고 싶은 열망에 놀란다. 앞으로 80이 넘는다 해도 목적 없이 세월의 흐름에 따라 떠내려가는 인생이 아닌 그 시대, 그 시간의 주인공으로 살고 싶다.

여기까지 살아온 삶, 그 여정 한가운데로 여러분을 초대하고 함께 기도 여행을 떠나려 한다.

색 바랜 오랜 신문을 들춰보듯 기억의 저 산 너머로 들어가 본다. 결코 다시는 떠올리고 싶지 않고 기억하고 싶지 않은 얼룩진 삶의 흔적들을 주님께서 보혈로 닦아 주셨다. 그때마다 주체할 수 없는 통곡의 눈물과 함께 상처, 수치심, 부끄러움들이 빠져나가고, 또 빠져나갔다. 주님이 기억하지 않으신다고 하셨기에, 이제는 십자가 밑에 자랑도, 흠도 모두 다 묻어버렸다.

한 권, 두 권 쓰기 시작하여 어느덧 12권이 쌓인 노트에는 나의 인생 여정이 고스란히 기록되어 있었다. 힘들고 어려울 때마다 울며불며 주님을 찾았고, 그때마다 좋은 것으로 응답해 주신 보석 같은 추억들이 깨알 같이 적혀 있었다. 후손들에게 많은 유산은 남겨주지 못하지만, 엄마의 기도이며 삶의 역사인 이 눈물의 기록을 남겨주고 싶다. 다행히 28년 동안 꾸준히 기록해온 영성 일기 덕분에 정확한 날짜와 사건들을 쉽게 찾을 수 있었다.

불구로 태어난 아들 손을 잡고 〈죽으면 죽으리라〉는 각오로 낯설고 말도 서툰 미국으로 떠난 지 어느덧 37년! 또한 10년 이상 외딴 시골, 아무도 없는 곳에서 오직 주님하고만 교제하며 수도사처럼 살았던 시간도 있었다. 그 시절 주님께 드린 눈물의 고백들이 기도가 되었고, 주님의 응답은 사랑의 메아리가 되어 찾아 주었다. 그 삶 속에서 주님은 초자연적이며 다양한 일들을 경험하게 해 주시고 기록하게 하셨다.

특히 예수님 십자가 사건은 내 영혼을 뒤흔들었다. 회갑이 지나 신학대학원에 가도록 인도하셨고, 다른 사람들이 은퇴할 시기에 목사가 되었다. 그리고 신학박사가 되기까지 숨가쁘게 달려 왔다. 그리고 이제 주님이 행하신 수많은 일을 세상에 널리 전하고자 한다.

너희는 여호와께 감사하며 그의 이름을 불러 아뢰며 그가 행하신 일을 만민 중에 알릴지어다 그에게 노래하며 그를 찬양하고 그의 모든 기사를 전할지어다 그의 성호를 자랑하라(대상 16:8-10)

이 책이 쓰이기까지 18년이라는 세월이 흘렀다. 하나님께서는 2년마다 주의 종들의 기도, 또는 꿈을 통하여 책 쓸 것을 말씀하셨다.

2004년 11월 18일, 목마름을 채우기 위해 LA 집회에 갔다. 어느 미국 목사님의 기도를 받았다. 생전 처음 보는 그분의 기도는 간결했다. "You must write a book!" 그때는 내가 책을 쓴다는 사실을 전혀 생각해 본 적이 없었기 때문에 '무슨 엉뚱한 소리…'라며 머리를 흔들고는 마음에 두지 않았다. 2006년 9월 11일, DTS 훈련 중 중국에 가 있을 때였다.

연이어 이틀 동안 거의 동일한 책을 쓰라는 꿈을 꾸었다. "책을 써라" "언제요?" "DTS 끝내고 2년 후다." "주님! 제가 무슨 꿈을 꾼 거예요?"

하나님은 나에게 꿈의 은사를 주셨다. 나의 영성 일기의 80%는 주님이 주신 꿈 이야기로 가득 채워져 있다. 지난날 터무니없는 꿈이라고 덮어놓았던 꿈들이 훗날 현실에서 정확하게 이루어졌다. 그때마다 놀라움과 두려움에 소름이 돋았다.

2008년 6월 20일, 한국에 있을 때 미국에서 온 강사 목사님에게 특별한 기도를 받았다. 여러 말씀 중 놀라운 말씀을 하였다. "당신은 꿈을 꾸는 자이다." 약 2년 전 책을 쓰라는 계시를 받았으나 '내가 뭐~ 어떻게?' 하며 포기하고 있다. "그러나 앞으로《The Book Of Your Life》를 쓰게 될 것이며 그 책은 여러 나라 언어로 번역이 될 것이다."

이처럼 하나님은 여러 번에 걸쳐 책을 쓰라고 말씀하셨지만, 내놓을 거라고는 부끄러운 죄와 실수뿐인데 정말 책을 쓴다는 것은 두렵고 싫었다. 그러나 주님과 꾸준히 교제하는 동안 내 삶 속에는 쉽게 받아들일 수 없는 초자연적인 일들이 많이 일어났다.

책을 쓰기 시작하면서부터 오늘날까지 언제나 빼놓지 않고 하는 기도가 있다.

"하나님이여! 이 책을 꼭 읽어야 할 사람이, 꼭 필요한 시간에 읽게 하소서. 책을 읽은 후에는 하나님과 친밀해지고, 부부 관계가 좋아지고, 문제가 해결되고, 올바른 결정을 하며, 능력 있는 기도의 삶을 살게 하소서."

| 차례 |

■ 서문 / 12

제1장 믿음의 뿌리 / 20
과수원 집 막내딸 _ 다재다능한 귀염둥이 _ 불행의 그림자

제2장 치유하시는 하나님 / 26
장애아기 _ 이렇게 치유하라 _ 기도가 너무 셌나 봐요 _ 시어머니의 빠진 혀

제3장 궤도 이탈한 분노의 바퀴 / 44

제4장 나그네 길 미국의 삶 / 50

죽으면 죽으리라 _ 품에 안긴 어린 아들 _ 왜 나를 이토록 사랑하시나요?
나는 주의 일, 주는 나의 일

제5장 시애틀, 갈등의 시간 / 64

한심한 여인 _ 암덩어리처럼 퍼지는 죄의 독성

제6장 회심 / 70

영혼의 깊은 밤 _ 죽기를 원하나이다 _ 강하고 부드러운 손
네 남편을 데려오라 _ 나도 너를 정죄하지 아니하노라
눈물의 나날, 기도의 삶

제7장 주님과 동행하는 여행 / 84

스코틀랜드의 옥스퍼드 _ 영국, 이빨 빠진 호랑이
파리, 초라한 센 강 _ 화가 변해 복이 되다

제8장 일상의 기적을 체험하라 / 100

단순한 기도 _ 말씀 붙들고 드린 기도 _ 천사의 도움을 구하라

찬양의 신비 _ 백일 간 사랑 _ 명령과 선포 _ 중보기도 _ 비는 멈출지어다!

제9장 감사의 능력 / 168

감사가 불러온 기적 _ 감사함으로 3만 달러 _ 더 감사함으로 10만 달러

제10장 기도 응답의 장애 / 180

탐욕의 기도 _ 하나님 뜻과 다른 기도

제11장 신부의 기름부음 / 192

나는 술람미 여인 _ 거룩한 신부의 꿈

제12장 꿈을 통한 계시 / 200

꿈은 하나님 말씀의 통로 _ 예언적 꿈의 계시

제13장 침묵 속 깊은 교제 / 216
침묵기도 가운데 기록한 영성일기

제14장 목사로 부르심 / 238
최초의 축도

제15장 예수님의 소원, 선교 / 242
선교사의 꿈 _ 중국 선교 _ 스웨덴, 북한연구학교
필리핀 선교 _ 천진, 그 한 사람 때문에 교재를 쓰거라
선교회를 세워라 _ 우크라이나를 향한 첫걸음

- ■ 글을 마치며 / 273
- ■ 후원 약정서

제1장

믿음의
뿌리

과수원 집 막내딸

어린 시절 나는 참으로 밝고, 명랑하고, 발랄한 꿈 많은 소녀였다. 4만 평 과수원을 총총 딿은 양 갈래머리를 흔들며 이리저리 나비가 날듯 사뿐사뿐 뛰어다녔다. 3남 2녀 중 늦둥이로 태어나 부모님 사랑을 마음껏 받으며 구김살 없이 자랐다. 양친은 모두 감리교 장로였으며 신실하시고 주님께 헌신된 분이었다.

우리 가족은 바쁜 과수원 일을 마치고 저녁 식사를 끝내고 나면, 언제나 할머니로부터 3대가 둘러앉아 예배를 드렸다. 일꾼들도 부엌일을 하는 아줌마도 자리를 함께하였다. 이제 와 생각해보니 고넬료 가정이 바로 이런 가정이었겠구나 싶다.

> 네 기도와 구제가 하나님 앞에 상달되어 기억하신 바가 되었으니
> (행 10:4)

다재다능한 귀염둥이

어려서부터 나는 공부에는 별로 취미가 없었다. 우등상은 타본 적이 없었으니 말이다. 그러나 운동회 날이면 상을 휩쓸었고, 많은 인기를 한 몸에 받았다. 하나님은 내게 춤과 노래 등 많은 재능을 주셨다. 중고등학교 시절에는 발레리나를 꿈꾸며 예쁜 드레스를 입고 무대에 서는 것을 좋아했다. '백조의 호수'를 관람할 때면 무대로 뛰어 올라가 함께 춤을 추고 싶어 했다. '바람과 함께 사라지다'를 읽으며 여주인공 스칼렛 오하라가 콧대를 세우고 남자들을 깔보고 우쭐거리는 모습 속에서 나를 보듯 공감했던 적도 있었다.

어린 시절 무대는 나의 놀이터였다. 어디를 가나 뽑혀 춤을 추고 노래를 부르며 재능을 뽐냈다. 교내 운동회 날이면 응원단장을 했다. 흥이 많은 나는 한 몸에 시선을 끌어모았다. 합창대회 날이면 합창 지휘로 지휘 상을 탔고, 이 반 저 반으로 불려 다니며 지휘를 했다.

음대 졸업 후에는 '예그린 가무단'에서 실시하는 뮤지컬 탤런트 공채에 1등으로 합격하여 하나님이 주신 재능을 모두 발휘하였다, 당시 시민회관(세종문화회관)에서 열린 '춘향전' 뮤지컬 공연에서 춘향역을 맡아 열연하다가 실지로 펑펑 울었던 기억도 난다.

그 시절 양갓집에서는 연예인을 별로 환영하지 않았다. 뮤지컬 탤런트 1등으로 합격하자 뮤지컬 드라마 여주인공 역을 맡게 되었다. 터무니없는 스캔들이 나돌았다. 가족들도 못마땅하게 여겼고 뮤지컬 배우 역할은 음대 졸업생이라는 내 자긍심을 채워 주지 못했다. 결국 1년

만에 뮤지컬계를 떠났다.

집에서 빈둥거리던 어느 날 TV에 요기(요가의 도인)가 왔다며 한 인도인이 몸을 이리저리 꼬더니 조그만 상자로 쏙 들어가는 모습이 비쳤다. 모두 놀라고 환호하며 손뼉을 쳤다. 별것도 아닌데 왜들 저러지? 나도 할 수 있는데….

다음 날 요가협회에 찾아가 등록을 했다. 나는 선천적으로 뼈가 없는 사람처럼 유연하여 몸을 자유자재로 움직일 수 있었다. 어떤 강사보다 더 잘하다 보니 등록하고 한 달 만에 대한민국 최초의 여자 요가 강사로 발탁되었다. 요가 교실에서 가르치고, TBC TV 아침체조 시간에 출연했다. 국내외 잡지사 기자들은 활처럼 휘어진 기묘한 동작을 찍어 가기도 했다. 이처럼 세상의 어려움을 모르고 활개치며 살았던 꿈많던 소녀의 인생은 결혼과 더불어 서서히 막을 내렸다.

불행의 그림자

1972년, 사람들은 요가란 것을 잘 몰랐다. 당시에는 사회적 저명인사들이 건강관리 차원으로 요가를 배우고는 했었다. 그중 대한민국에서 손꼽히는 저명인사 한 분이 특별한 관심을 보이며 다가왔다.

그분의 주선으로 그분의 외아들과 결혼하게 되었다. 첫눈에, 죄송하지만 '이 사람은 아니야'라는 느낌이 왔으나 양가에서 밀어대는 결혼이라는 수레바퀴를 멈추게 할 힘이 내게는 없었다. 3월에 선보고, 4월

약혼, 5월 결혼이라는 초고속 혼인 열차는 이미 출발하였다.

　불신자인 남편의 가정은 내가 자란 환경과 하나부터 열까지 달랐다. 결혼하면 잘 믿겠다는 신랑의 약속과 종교는 자유라는 시아버님 말씀, 이런 것들이 좋은 결혼 조건과 맞물려 선교사로 가는 심정으로 결혼하라는 엄마 말씀에 순종할 수밖에 없었다. 아니, 좀 더 솔직히 고백하자면 나의 내면에 있는 허영심이 특별한 가문과 명예에 끌렸었다고 할 수 있다.

　하나님을 모르는 사람들의 삶은 세상 조건이 아무리 좋다 할지라도 진정한 행복을 느낄 수 없다는 것을 신혼 초부터 깨닫기 시작하였다. 서로 영이 다르다는 것은 물과 기름이 섞이지 못한다는 것과 같았다. 남편과 영적인 문제가 심각할수록 내 영은 파리해졌고, 몸은 점점 더 야위어 갔다.

　'이왕 결혼했으니 열심히 살자. 뱃 속에 아기가 있으니 어쩌겠어' 그즈음 나의 영적 수준은 홀로 하나님께 드리는 기도훈련이 전혀 되어 있지 못한 상태였다. 항상 떠먹여 주는 밥만 먹고 살았다 보니 고난과 아픔에 대처하는 저항력이 전혀 없었다. 힘들어도 힘들다고 말할 수조차 없었다. 도망치고 싶어도 도망칠 수 없었다. '호강에 겨워서! 저렇게 착한 신랑을 두고……. 쯔쯔.' 사람들로부터 쏟아질 질타가 너무나 두려웠기 때문이었다.

육신을 따르는 자는 육신의 일을,
영을 따르는 자는 영의 일을 생각하나니
육신의 생각은 사망이요
영의 생각은 생명과 평안이니라

롬 8:5-6

제2장

치유하시는
하나님

장애아기

1974년 3월 3일, 엄마가 된 날이다.

"아들을 낳았어요!" "아들이에요!"

"정상아입니까?"

"아이, 그럼요."

임신 중 내내 혹시 정상아를 낳지 못하면 어쩌나 하는 두려움이 심했었다. 그리고 여러 번 반복되는 꿈이 있었다. 돌이켜보니 어렸을 때부터 영적인 꿈을 꾸었던 것 같다. 꿈에서 도망칠 곳이 없이 사방에서 귀신들이 조여 오는 꿈이었다. 부들부들 떨며 '예~수, 예~수' 죽을힘을 다해 소리치면 조여오던 귀신이 멈칫거렸다. 그러다 내가 쉬면 또 조여오고… 남편이 흔들어 깨워 일어나면 내 몸은 땀에 흥건히 젖어 있곤 했다.

"우와~아기를 낳았다. 정상아를!!"

너무도 신기해서 손가락도 세어보고 발가락도 세어보았다. 아기는 정상보다 조금 더 작은 2.5kg이었으나 너무나 사랑스러워 첫 대면서

부터 눈물이 났다. 그러나 퇴원하여 집에 오고 난 후 아기는 토하고, 셀 수 없이 설사를 하는 것이었다. 결국, 탈수가 되고 그때마다 병원에 입원하기를 수없이 하였다. 조그만 이마에 꽂힌 주삿바늘에서 수액이 행여나 옆으로 샐까 봐 매일 밤새워 아기 곁을 지켰다.

그러던 어느 날, 아기를 목욕시키다 한쪽 등이 불룩하고 다른 한쪽 등은 푹 꺼져 있는 것을 발견했다. 임신 중 내내 뭔가 불안하며 막연히 정상아를 못 낳을 것 같았던 느낌이 바로 이것이었구나! 가슴이 철렁 내려앉았다. 너무나 큰 비밀이 아기 몸에 숨겨져 있을 것 같은 직감에 몸이 떨렸다.

때마침 언니가 와서 잘 아는 정형외과 의사에게 데리고 갔다. 아기를 살펴본 의사의 첫 마디는 "기형아입니다! 자세한 것은 X레이를 찍어봐야 알겠지만…." 언니가 아기를 안고 촬영실로 갔고, 나는 진찰대에 쓰러질 듯 엎어져 통곡했다. "하나님! 내가 잘못한 것이 있으면 제 수족을 자르지 아기가 무슨 죄가 있습니까?"

촬영 결과 네모반듯하게 맞추어져야 하는 아기의 척추는 삼각형처럼 동강동강 찌그러졌고, 맞물려 돌아가다 보니 척추는 완전 S 자 처럼 휘어있었다. 거기다 한쪽 갈비뼈 2대는 없고, 하나는 오도독뼈처럼 생기다 말았다. 나는 지금도 청천벽력 같은 의사의 인정 사정없이 쏟아내던 말을 잊을 수가 없다.

"이 아이 척추를 보십시오. 클수록 척추는 더 돌아갈 겁니다. 병명도 원인도 치료 방법도 없습니다."

의사는 책꽂이에서 그런 아이들의 등판을 찍은 사진, 몸이 꽈배기

처럼 꼬여 있는 사진이 들어있는 원서를 꺼내 보여주었다.

'이럴 수가! 어떻게 내 삶에 이런 일이…불쌍한 내 아기!!'

무너진 자존심! 모든 것이 깨지고 와르르 무너지는 소리가 들리는 듯하였다. 더 이상 눈물도 나지 않았다. 위로해 주려고 애쓰는 언니에게 딱 한 마디 했다.

"언니! 내가 불쌍하면 이 사실 아무에게도 말하지 말아줘!

집에 왔다. 종이와 펜을 찾았다. 유서를 쓰기 시작했다. 제일 먼저 친정 엄마께 썼다. 엄마는 내가 어렸을 때부터 매일 밤 자는 내게 손을 얹고 기도를 하셨다. 그때마다 흐느끼던 엄마의 울음소리에 잠이 깨곤 했었다. 금지옥엽으로 키운 막내딸, 언제나 뭐가 애처로운지 보기만 해도 눈물을 글썽이던 엄마! 어쩌면 기도하는 엄마의 영은 앞으로 닥칠 사랑하는 딸의 험난한 인생길을 감지하였었나 보다.

다음은 시아버지께 썼다. 당신이 마음에 들어 데려온 며느리가 외아들의 아들을 낳았다고 너무나 기뻐 "아가, 업어줄까?" 할 정도로 며느리 사랑, 손자 사랑에 입이 벌어진 시아버님이었다. 마지막으로 남편에게 썼다. '여보!' 한마디 쓰고는 너무나 설움이 북받쳐 기어코 쓰지 못한 채 화장대 서랍에 유서를 집어넣고 말았다. 25세의 나이로 인생을 마감하다니, 아기는 이제 겨우 석 달을 살았는데…….

일단 짐을 챙기기로 하였다. '떠나자! 아무도 모르는 곳에 가서 일을 저지르자!'

짐을 싸는데 웬 짐이 그리도 많은지, 아기 기저귀만 해도 한 가방이다. 거기다 우유와 우유병에, 옷가지, 한 손에 짐을 들고, 한 팔로 아기를 어떻게 안을 수 있을까!

한 발짝도 뗄 수가 없었다. 짐 보따리 앞에서 다시 울었다. "어떻게 해~, 어디를 가야 해~~~으흐흐." 그때 교회 종소리가 들렸다. 그날은 특별 부흥회가 있어서 평일에 종을 친 것이다.

"땡~ 땡~ 땡~"

종소리와 섞여서 들리는 음성이 있었다. "저기다~~"

분명 누가 말하는 것 같았다. 귀로 들었는지 마음으로 들었는지, 미친 듯이 교회를 향해 뛰어갔다. "하나님! 정말 살아 계십니까? 당신이 제 입장이라도 이런 선택을 할 수밖에 없을 거예요." 교회 마당에서 자랐지만, 그때까지 스스로 하나님을 그렇게 진솔하게 부르며 기도하기는 처음이라는 놀라운 사실을 알게 되었다.

교회 행사 때마다 특송을 맡아서 부르곤 했었다. 하얀 가운을 입고 성가대석에 앉았지만, 설교는 듣지 않고 주보에 낙서만 하고 옆자리 친구와 "끝나고 어디 갈까?" 하며 속닥거리곤 했다. 목사님 말씀은 어려서부터 귀가 따갑게 들어서 다 아는 소리라고 여겼기 때문이었다. 그런데 그날은 설교가 귀에 쏙쏙 들어왔다. 50년이 지난 지금도 그날 들은 설교 몇 마디는 그대로 옮길 수 있다. "여러분! 천국이 얼마나 좋은 곳인 줄 아십니까? 두 살배기 아기를 두고 눈을 못 감고 죽은 엄마가 천국에 갔는데 그곳이 너무 좋아서 아기를 까맣게 잊어버리는 그런 곳입니다."

지금 생각하니 그때 강사 목사님은 복음에 관한 메시지를 전한 것 같았다. 유서를 써 놓고 온 내게는 더 이상 남의 이야기가 아니었다. 한참 천국과 지옥을 실감나게 전하던 강사님은 갑자기 "그런데 요즘 세상에는 주님이 오라고 하지 않는데 스스로 목숨을 끊는 건방진 자들이 있어, 이런 자는 지옥 행!"

검지는 나를 향해 찌르듯 향하고 목사님의 눈은 나를 삼킬 듯 쏘아 보았다.

"오! 하나님, 저 더러 어쩌라는 거예요?" "지옥이요? 그럼 제 아기는요? 으흐흐…"

죽을 용기마저 잃고 나니 마음은 더욱 괴로웠다. 매일 죽지 못해 사는 나날의 연속이었다. 누가 아무리 내 앞에서 슬픈 이야기를 해도 슬프지 않았다. 누가 아무리 웃기는 말을 해도 웃음이 나오지 않았다. 사람이 멍~ 해져 가고 있었다. 그러던 어느 날 귀에 못 박히도록 들은 말씀이 불쑥 생각났다.

태초에 하나님이 천지를 창조하시니라 (창 1:1)

멍청하게 앉아 있다가 아기를 키워 주시기 위해 와 계신 친정 엄마에게 말을 건넸다.

"엄마, 하나님이 정말 계셔요? 정말 그분이 천지를 창조하시고 사람을 만드셨어요?"

"그럼, 계시지."

"그럼 우리 아기도 기도하면 고쳐줄 수 있지 않을까?"

"에이그 ~ 태어날 때부터 그렇게 생긴 뼈인데……" 장로님인 엄마의 한숨 섞인 대답이었다. "엄마~ 하나님은 전지전능하시다면서요? TV를 만든 사람은 TV를 고쳐요. 근데 하나님이 인간을 만드셨다면 당연히 고칠 수 있어야지요?" 나는 따지듯 물었다.

며칠 후 엄마는 평택에서 개척교회를 한다는 사모님 한 분을 데리고 왔다. 뿐만인가! 사모님은 어린아기 하나는 업고, 꾀죄죄한 두 아이를 데리고 왔다. 그분이 신유 은사가 있다고 소개를 하셨 다. 그때 생각을 솔직히 고백하자면, '하나님과 그토록 친해서 남의 병도 고칠 정도라면, 기도 좀 더 해서 복 받고 잘 사시지…' 하는 생각이 들었다. 얼마나 세상적 기준으로 사람을 판단했던가? 나는 아주 오만한 거래를 사모님과 했다.

"저는 교회에 잘 다닙니다. 어려서부터 교회 마당에서 자라서 어딜 가도 크리스천이라고 말합니다. 그런데 솔직히 하나님이 살아계신지 확신이 없습니다. 그리고 2000년 전에 돌아가신 예수님의 십자가 사건이 오늘날 나와 무슨 관계가 있어서 믿어라! 믿으면 구원받는다고 하는지 이해가 안 됩니다. 그런데 언제까지 기도만 하고 있을 수는 없지 않아요? 한 달만 시키는 대로 기도해 보겠습니다."

"우리 아기에게 조금이라도 변화가 있고 아주 작은 기적이라도 일어 난다면 기도를 계속하겠습니다. 그러나 아무런 변화가 없으면 하나님이 정말 계심을 믿을 수 없고, 아니면 아기를 고쳐 주실 생각이 없는 것으로 간주하고 더 이상 헛짓은 안 하겠습니다."

"그렇게 해 봐유~~." 사모님의 충청도 사투리가 순박하게 느껴졌다. 이후 사모님은 주중에는 우리 집에 아예 함께 살면서 낮에는 내게 성경 공부를 가르치고 아기가 깊이 잠든 밤이 되면, 척추뼈 하나하나를 만져가며 간절히 기도해 주었다. 그리고 새벽에는 함께 새벽기도를 다녔다. 달력에 동그랗게 표를 해놓고 한달을 기도하기 시작했다. 어찌 되었든 한 달 동안은 시키는 대로 하겠다고 했으니 군말 없이 따랐다. 두 주가 지났다. 세 주가 되어가는 즈음에 이런 기도를 눈물로 드리게 됨에 나 자신도 놀랐다.

"하나님 우리 아기를 통해서 교만하고 믿음 없는 저를 만나주시고, 구원해 주셔서 감사합니다. 제 생명보다 귀한 아기가 비록 낫지 않는다 해도 저는 이제 하나님을 믿겠습니다. 감사합니다! 만약 이 아이를 하나님께서 고쳐 주신다면 주님께 드려 평생토록 주님 일하는 종으로 드리겠습니다."

> 한나가 이르되 내 주여 당신의 사심으로 맹세 하나이다 나는 여기서 내 주 당신 곁에 서서 여호와께 기도하던 여자라 이 아이를 위 하여 내가 기도하였더니 내가 구하여 기도한 바를 여호와께서 내 게 허락하신지라 그러므로 나도 그를 여호와께 드리되 그의 평생 을 여호와께 드리나이다 (삼상 1:26-28)

이렇게 눈물로 기도드린 후 강 같은 평화가 밀려오는 체험을 했다.

그리고 시아버님께 담대하게 모든 사실을 고백했다. 하나님의 사심을 증명해 보여드리겠다고 큰소리까지 쳤다. 와~ 내가 생각해도 어디서 그런 용기가 났는지 모를 일이다.

정확하게 한 달이 되는 날 우리는 세브란스병원 정형외과를 찾았다. 그동안 아기 몸이 더이상 돌아가지 않도록 갑옷 같은 딱딱한 보조기구 옷을 꽉 조이게 입혔었다. 그리고 3개월마다 뱅글뱅글 아기를 돌려가며 X레이를 찍었다. 우리가 진료실에 가자 아직 3개월이 안 되었는데 왜 왔냐고 의사 선생님은 물었다.

"그냥 찍어 보고 싶어서요."

아기 하나에 온 가족이 따라 나섰다. 나와 남편은 물론이고 시아버님도 가셨다. 또한, 사모님과 중보자이신 친정 엄마와 언니까지 함께 갔다. "하나님 아버지! 이 모든 분이 보는 가운데 하나님이 살아계심을 보여 주십시오!"

전에 없이 X레이를 한참 들여다보던 의사 선생님은 이전에 안 하던 많은 검사를 거쳐 우리 아기 척추가 7도나 바로 잡혀 있다고 판정했다. 그 순간의 감격을 어찌 잊을 수 있으랴! 그 떨림과 영광과 감사를 어떻게 표현하랴!

나는 그때부터는 아기를 안고 완전 예수에게 미친 여자가 되어 은혜의 자리를 찾아다녔다. 그리고 그 순간부터 아기 몸에 입힌 흉물스러운 보조기구도 믿음으로 떼어 버렸다. 그동안 얼마나 답답했을까? 그동안 얼마나 불편했을까? 이제는 아기를 가슴에 꼬옥 안으면, 보들보들한 조그만 가슴에서 콩, 콩, 콩 뛰는 아기의 심장 소리를 들을 수 있게 되었다. 그리고 아기도 엄마 가슴의 따뜻한 사랑의 심장 소리를 아무 막힘없이 느낄 수 있게 되었다. 너무나 행복했다. 오히려 불안할 정도로 행복했다.

이제는 우리 아기를 '승철'이라고 부르겠다. 하나님께서는 승철이가 10살이 될 때까지 공부도 잘하고, 운동도 잘하고, 밝고 자신감 많은 아이로 자라게 하셨다. 그뿐인가! 하나님은 승철이를 높이시고, 예쁜 천사 같은 아내를 주시고, 아름다운 두 딸까지 주셨다. 지금은 크리스 전(Chris Chun) 박사로 미국 남침례교단에서 유명한 게이트웨이(Gate Way, 전 Golden Gate) 신학대학원 교수가 되게 하셨다.

크리스가 돌이 되기 전 하나님의 기적을 체험한 이후부터 나는 "하나님, 이 아이를 위해서 배우자를 준비시켜 주십시오." 아이가 대학에 가고 며느리 소영이를 만나기까지 하루도 쉼 없이 기도하였다.

> 여호와의 말씀이 내가 네 기도를 들었고 네 눈물을 보았노라 내가 너를 낫게 하리니 (왕하 20:5)

이렇게 치유하라

승철이의 치유를 경험한 이후 나는 누구보다도 치유에 관심을 두게 되었으며, 하나님께서는 나에게 치유 은사를 보너스로 주셨다. 실제로 나 자신은 물론 손자들과 아들들, 그 외에 치유 받은 많은 간증 사례가 있다. 치유 사역을 하면서 내게는 여러 가지 의문점이 있었다. 하나님께서 과연 우리에게 병 고침을 위해 기도에만 의지하라고 하실까? 나는 나 자신은 물론 자녀들, 성도들이 감기, 몸살로 아프다고 하면 속히 병원에 가라고 한다. 그리곤 왜 기도해 주지 않지? 하고 스스로 물어볼 때가 있다.

많은 사람이 오로지 의학적인 방법에만 의지하다 치료에 실패하면 그제야 의학 기술의 한계를 느끼고 "하나님! 살려주세요" 한다. 반면 무조건 하나님만 믿으면 된다고 기도만 하다 치유시기를 놓치고 하나님의 영광을 가리는 예도 있다

이렇게 말하고 싶다. 하나님은 우리의 영혼만 사랑하시는 것이 아니고 우리의 육도 강건하기를 원하신다. 의학도 하나님이 우리를 위해 만드셨기 때문에 일단 병이 나면 병원에 가서 진찰받아 보는 것이 필요하다. 이후 의학의 도움이 가능한 일은 병원에서 치료받고, 하나님께 감사와 영광을 올려 드리면 된다. 그러나 의학의 손이 미치지 못하는 무수한 병들이 있다. 또는 환경적인 면에서 의학의 치료를 받을 수 없는 여러 경우도 있다. 이런 경우에는 오직 치유하시는 '여호와 라파' 하나님을 전심으로 의지하여 치유도 받고 하나님의 사랑과 은혜를 경험하길 바란다. 기도의 능력과 의학의 힘, 이 두 가지 다 하나님 선물이다. 우리는 두 가지 모두를 추구하며 하나님의 인도하심을 믿고 기도해야 한다.

때때로 당혹스럽게 기도 받은 모든 사람이 다 치료받지 못하기도 한다. 왜 똑같은 질병에 누구는 고침을 받고, 누구는 고침을 받지 못할까? 어떤 경우에는 단 한 번의 기도로 주님의 치유하심이 나타났는데 다음에는 치유가 나타나지 않는 경우가 있다.

> 예수께서 그의 열두 제자를 부르사 더러운 귀신을 쫓아내며 모든 병과 모든 약한 것을 고치는 권능을 주시니라(마 10:1)

예수님은 각색 병자들을 다 치료해 주셨는데, 예수님의 모든 권세를 부여 받은 우리는 왜 치유하지 못할까? 이미 주신 권세를 100% 활용하지 못하는 이유는 무엇일까? 여러 가지 이유를 들 수 있지만 가장 중요한 것은 사랑과 믿음과 기도라고 말하고 싶다.

위 간증에서 어떻게 기적이 일어날 수 있었는지 살펴보았더니 두 가지 원리를 발견하였다. 한 달을 기도하는 동안 머리로만 알아왔던 하나님이 실제 살아 계심을 확실히 알게 되었다.

이후는 상상할 수 없는 고백을 하였다. 아기의 아픔을 통해 구원받았음을 감사했다. 나아가서 아기를 고쳐 주시지 않는다 해도 하나님을 믿겠다는 서원을 하였다. 이것이 바로 〈그리 아니하실지라도〉라는 하나님을 감동케 할 수 있었던 귀한 믿음의 고백이었다.

> 왕이여 우리가 섬기는 하나님이 계시다면 우리를 맹렬히 타는 풀 무불 가운데에서 능히 건져내시겠고 왕의 손에서도 건져내시리이다 그렇게 하지 아니하실지라도 왕이여 우리가 왕의 신들을 섬 기지도 아니하고 왕이 세우신 금 신상에게 절하지도 아니할 줄을 아옵소서(단 3:17, 18)

둘째, 하나님을 만난 이후 살아 계신 하나님은 반드시 아기를 고쳐 주실 거라는 확신을 가졌다. 그동안 아기를 감추고 누가 알세라 쉬쉬하던 내가 아니었던가! 그런데 이제 변했다. 아버지의 영광을 위해서라면, 누구에게든 담대하게 '하나님은 살아 계십니다. 나의 장애아이를 이렇게 고쳐 주셨습니다! 와 보십시오, 믿어 보십시오!!' 증거하고 싶은 마음이 불탔다. 마치 예수님이 메시아임을 전하고 싶어 물동이를 버려두고 동네로 달려간 우물가의 여인처럼 되어버렸다.

> 여자가 물동이를 버려두고 동네로 들어가서 사람들에게 이르되 내가 행한 모든 일을 내게 말한 사람을 와서 보라 이는 그리스도가 아니냐(요 4:28, 29)

기도가 너무 셌나 봐요

아기 승철이는 미국에 온 지 17년이 지난 2002년 7월 7일 보스턴에 있는 골든코넬 신학대학원을 졸업하고 시애틀에 와서 크리스 전 목사가 되었다. 크리스가 전도사로 사역할 때 일이다. 하루는 크리스가 이틀간 5분 간격으로 화장실을 다니며 계속 설사를 하였다. 약을 먹었으나 차도가 없었다. 그때 마침 크리스 집을 방문한 나에게 성령님이 기도해 주라는 감동을 주셨다.

"너 설사병 기도 받아야 나을 것 같은데…" 처음에는 대답이 별로 신통치 않았다. 어머니 말에 거절할 수 없으니 적당히 대답하는 것 같았다. "그럼 한번 해 보세요."

"한번 해 보세요~~? 그렇게는 기도 못 해주겠는데…" 그런 이야기를 나누다가 크리스는 또 화장실로 달려갔다. 들어가자마자 화장실에서 완전 물 내리는 소리가 났다. 그러기를 몇 차례 했다. 나중에는 급하니까 "어머니, 저 좀 기도해 주세요." 겸손하게 부탁하였다. 하나님께서 무엇인가 아들에게 교훈 하신다는 생각이 들었다. 사실 신학교를 막 졸업하고 사역 현장을 갔을 때가 가장 은혜 받기 어려운 시기가 될 수 있다. 그래서 미국에서는 이런 말이 있다.

"Seminary(신학교)에 들어갔는데 나올 때는 Cemetery(공동묘지)로 나온다." 농담이지만 뼈 있는 말이고 두려운 말이다. 나는 왕이신 하나님께 경배와 찬양을 올려 드리기 시작했다.

"왕이신 나의 하나님 내가 주를 높이고 영원히 주의 이름을 송축하리이다."
"예수 우리 왕이여 이곳에 오셔서 보좌로 주여 임하사 찬양을 받아 주소서 주님을 찬양하오니 주님을 경배하오니 왕이신 예수여 오셔서 좌정하사 다스리소서."

반복하여 몇번을 부르고 담대하게 선포했다.
"설사야, 예수님 이름으로 명한다. 멈출지어다!" 성령께서 즉시 설사를 멈춰 주셨다. 다음날 크리스로부터 전화가 왔다. "엄마 기도가 너무 셌나 봐요. 이제 변비가 되었어요. ㅎㅎㅎ"

할렐루야! 신학교를 갓 졸업한 사역 초년생, 젊은 전도사에게 하나님께서는 당신의 능력을 보여 주시고 싶으셨나 보다. 이후부터 아들 크리스 교수는 자그마한 문제만 있어도 전화로라도 꼭 기도를 받는다. 이 외에도 다양한 치유를 통해 하나님께서 많은 영광을 받으셨지만 일일이 다 기록할 수 없다.

> 믿는 자들에게는 이런 표적이 따르리니 곧 그들이 내 이름으로 귀신을 쫓아내며…병든 사람에게 손을 얹은즉 나으리라(막 16:17-18)

시어머니의 빠진 혀

오래전에 있었던 이야기다. 시어머님은 혀가 빠져나오는 등, 현대의학으로는 해결할 길이 없는 상상할 수 없을 정도로 참혹한 상태가 되었다. 아들 승철이의 기적을 체험하고 난 후 나의 열정은 하나님께서 시어머님을 정상인이 되게 하여 영광을 올려 드릴 수 있도록 하고 싶은 마음으로 불탔다.

며느리 고생시킨다고 굳이 우리집에 안 오시겠다는 시부모님을 많이 설득하여 모시고 살기 시작했다. 간절히 기도하고 찬양하고 예배 드리기를 계속할 동안 집안에서 벌어지는 영적 전쟁은 이루 말할 수 없었다. 그럴수록 반드시 시어머니의 빠진 혀가 들어가는 기적이 일어나 살아 계신 하나님의 능력을 보여주시기를 매달려 기도할 수밖에 없었다.

　이러한 애끓는 기도를 주님은 절대 외면하지 않으셨다. 당시에 여의도 순복음교회 구역장인 나는 모든 구역 식구를 불러 매일 엄청나게 강력한 예배를 드리며 병마와 치열한 싸움을 했다. 시어머님이 우리 집에 오시고 3개월 후부터 어머님의 혀가 살살 들어가더니 마네킹처럼 굳은 얼굴이 풀리기 시작했다. 며칠이 지나자 혀가 완전히 쏙 들어가는 기적이 일어났다. 평생토록 우상을 섬긴 시어머님은 예수님을 영접하고 구원을 받았다. 지독한 악한 영과의 싸움에서 예수 이름으로 승리를 얻게 된 것이다!

　그동안 끔찍하게 다 빠진 혀로 인해 시어머님의 얼굴은 뵙기 민망했었다. 식사를 하면 입에 들어가는 것은 반도 안되었고 거의 흘리셨다. 그런 혀가 다 들어갈 수 있다니!! 시어머님의 얼굴이 그렇게 예쁜지 정말 몰랐었다.

> 나는 여호와이니 이는 내 이름이라 나는 내 영광을 다른 자에게 내 찬송을 우상에게 주지 아니하리라 (사 42:8)

　나는 정말 기뻤다. 몇 달을 시어머님과 시아버님을 모시고 여의도 순복음교회를 열심히 다니며 매일 가정예배를 드렸다. 시어머님의 손을 잡고 구역예배도 다녔다. 시어머님이 지독하고 흉측한 질병에서 고침을 받으신 후 그동안 비상이 걸렸던 구역 식구들도 더 이상 우리 집에 안 왔다. 겨우 일주일에 한 번 구역예배를 돌아가며 드릴 뿐이었다. 나 역시 밤이고 낮이고 부르짖던 기도가 '휴~잠 좀 자자~ 아이들도 챙겨주고 신경 좀 써주자.' 하고 긴장이 풀리고 느슨해 졌다.

행복한 시어머님과의 관계는 6개월이 지나자 이상한 조짐으로 돌아가기 시작하였다. 어느 날부터 혀가 다시 살살 빠지는 것이 아닌가? 곧이어 이전의 상태로 되돌아가고 말았다! 마태복음 12장 말씀이 그대로 현실로 드러났다.

> 더러운 귀신이 사람에게서 나갔을 때에 물 없는 곳으로 다니며 쉬 기를 구하되 쉴 곳을 얻지 못하고 이에 이르되 내가 나온 내 집으 로 돌아가리라 하고 와 보니 그 집이 비고 청소되고 수리되었거늘 이에 가서 저보다 더 악한 귀신 일곱을 데리고 들어가서 거하니 그 사람의 나중 형편이 전보다 더욱 심하게 되느니라 이 악한 세대 가 또한 이렇게 되리라(마 12:43-45)

모든 사람의 낙심은 이루 말할 수가 없었다. 이 상황을 통해 주님께서 주신 교훈을 깊이 마음에 새기게 되었다. 어머님의 영이 성령과 말씀으로 단단하게 세워질 때까지 꾸준히 깨어 기도했어야 했다. 시어머님의 영은 예수님 보혈로 깨끗하게 청소는 되었으나 성령께서 계속 주인으로 거할 정도로 건강하지 못하였다.

"오! 주님 제가 깨어 있지 못하고 잠시 방심했음을 용서해주십시오." 사탄은 시어머님의 육체는 멸망시킬 수 있었으나 예수님을 구주로 영접한 시어머님의 영혼을 결단코 건드릴 수 없었다. 어머님은 모진 고생을 하다가 끝내 천국으로 떠나셨다.

> 예수께서 성전에서 그 사람을 만나 이르시되 보라 네가 나았으니 더 심한 것이 생기지 않게 다시는 죄를 범하지 말라(요 5:14)

제3장

궤도 이탈한
분노의
바퀴

생각하기도 싫고, 되돌리기도 싫은 끔찍한 시간이었다. 주님과 호흡하고 함께 살던 시간이 꿈속의 이야기 같았다. 천국과 지옥을 오가면서 산다더니 내가 그랬다. 서른 갓 넘긴 어린 며느리가 시어머님을 살려 보겠다고 자청해서 2년 동안 모시고 산 대가가 결국은 이랬다. 불신자인 시누이 세명에게 온갖 억울한 소리를 다 듣고, 조롱을 당했다. 심지어 예수쟁이 며느리가 들어와서 시어머니를 굶겨 죽였다는 소리를 들을 정도였다.

이 시절 나는 하나님을 향한 열정은 대단했으나 말씀으로 깊이 성숙하지 못했다. 만일 그때 성숙한 믿음을 가졌었더라면 십자가를 생각하며 예수님 때문에 당하는 핍박을 그토록 힘들어하지 않았을 텐데… 주님의 십자가 고통을 묵상하며 오히려 얼마나 감사했을까!!

아무 죄도 없고 흠도 없으신 주님은 십자가에서 얼마나 억울하셨을까! 침 뱉음을 당하며 뺨을 맞으시며 조롱 당하셨을 때 얼마나 분하셨을까! 양손과 양발에 대못이 박힐 때, 머리에 가시로 엮은 관이 박힐 때 얼마나 아프셨을까! 온몸의 물과 피를 다 흘리시며 숨을 거두실 때 하신 주님의 말씀은 "아버지 저들을 사하여 주옵소서. 자기들이 하는 것을 알지 못함이니이다(눅 23:34).” 오! 예수님~~~나의 비교할 수 없는 연약함을 생각하니 부끄럽기 한이 없다.

내가 견딜 수 없었던 현실은 그동안 막아주고 편이 되어 주셨던 시아버님이 한 여자를 데려오고 난 이후, 더 이상 내 편이 아니었다.

나는 자다가도 심장이 뛰어 벌떡 일어나 "하나님 뭐 하고 계십니까? 어제의 천국과 하나님은 어디 갔습니까? 제 아기를 고쳐 주신 기적, 시어머님의 다 빠진 혀는 어떻게 들어갔었습니까? 이 모든 것이 우연입니까? 보여주신 기적들은 무엇입니까?" 소리쳤다.

그토록 믿었고, 보호자가 되어주셨던 시아버님이 시어머님 산소 떼도 입히지 않은 가무덤 상태였을 때부터 우리 집에는 싸구려 삼류 주간지에 나오는 일이 벌어지기 시작하였다. 시댁으로부터 받은 깊은 상처와 분노는 엄청난 파도가 되어 내 인생을 덮쳤다. 이것이 내가 꿈꾸던 명문 집안의 실체란 말인가!

딸들이 질투할 정도로 며느리를 사랑해 주었던 시아버지! 믿었던 시아버지에게 버림받은 상처는 생각보다 깊었다. 남편은 정들 사이 없이 해외를 다녔다. 병드신 시어머니를 모실 때나, 예수쟁이라는 이유로 시누이들에게 그토록 수모를 당하며 홀로 울 때도, 곁에서 나를 보호해 주지 못했다. 너무나 억울했다.

생각이 달라지니 삶이 달라지기 시작하였다. 사탄은 분노의 통로를 타고 제어할 수 없는 힘으로 나를 눌렀다. '하나님, 이건 아닌데요.' 하는데 몸이 말을 듣지 않았다. 집에서 도망치고 싶었고, 하나님의 얼굴도 피하고 싶었다.

그동안 내게는 동창회 같은 모임이나 친구들도 하나 없었다. 오로지 예수쟁이로 살아왔었다. 그런데 동창들을 찾으며 세상 친구와 어울리기 시작했다.

'와~~ 이 재미도 괜찮네! 아냐, 이러면 안 돼, 너 죽고 싶어?'

이미 궤도를 이탈한 바퀴는 멈출 줄 모르고 봇물이 터지듯 곁길로 달려가기 시작하였다. 하나님의 사랑을 진하게 경험했을수록, 그분의 은총을 누구보다 크게 받았을수록 마음의 곤고함은 더욱 심했다. 괴로움을 잊으려고 더욱 세상 사람들에게 위로 받고자 했다. 술도 조금 마셔보니 알딸딸~~ 기분이 괜찮았다. 진통제 주사를 맞듯이 잠깐 동안은 주님의 말씀이 나를 괴롭게 하지 못했다

'야~ 뭐 세상 별거냐? 그럭저럭 한 세상사는 거지 뭐….' '완전히 죽기를 각오했군! 어떻게 망가져도 그렇게 망가지니?' 혼자 이런 말을 주고받기도 했다. 그렇지만 내게 가장 괴로운 문제는 하나님 그분을 죽어도 떠날 수 없다는 것이었다. 가증스럽다. 내가 가증스럽다! 어떠한 죄 가운데 있을 때라도 나는 하나님 그분 때문에 울고 울었다. 술 한 잔 들어가면 더 울었다. 주일날이면 교회에 빠짐없이 출석하고 가슴을 치고 애통하며 울었다. "아버지! 이것밖에 안되는 제 모습입니다. 용서를 구하기에는 너무 뻔뻔스러워 용서조차 구하지 못하겠습니다." 내가 한심해서 울었고, 구원받을 수 없을 것 같아서 울었다. 베드로가 예수님의 무릎 아래에 엎드려 운 것처럼….

주여! 나를 떠나소서 나는 죄인이로소이다 (눅 5:8)

이 말씀을 주님께 고백할 수밖에 없었던 베드로의 심정이 너무나 이해가 되었다. "주여! 차라리 나를 버리십시오. 주님께서 내게 그토록 많은 은혜를 베풀어 주셨건만 나는 사람이 아닙니다. 나는 버러지이고 짐승입니다. 제발 저를 버려주십시오!"

주여! 나를 떠나소서
나는 죄인이로소이다

눅 5:8

제4장

나그네 길
미국의 삶

죽으면 죽으리라

1985년 3월 19일 승철이 손을 잡고 미국 길에 올랐다. 한 번도 가 본 적이 없는 꿈의 나라 미국! 기다려주는 사람 하나 없는 그곳은 내게 꿈의 나라가 아니었다. '죽으면 죽으리라'는 비장한 마음밖에는 없었다.

> 여호와는 죽이기도 하시고 살리기도 하시며 스올에 내리게도 하시고 거기에서 올리기도 하시는도다 여호와는 가난하게도 하시고 부하게도 하시며 낮추기도 하시고 높이기도 하시는도다(삼상 2:6-7)

하나님께서는 시어머님이 돌아가신 후 엉클어진 내 삶에 새 길을 열어 주셨다. 다 포기하고 싶은 깊은 절망감에 빠져 살 소망조차 없어지자, 하나님은 일하기 시작하였다.

어느 날, 스웨덴에서 온 정형외과 의사를 만나게 되었다. 그분은 요즘은 의학이 발달하여 미국에서는 승철이 같은 아이들을 수술한다고 하였다. 그 말을 듣자 내 가슴은 뛰기 시작하였다. 목숨을 다 바쳐서 아이를 고쳐주고 싶었다. 하나님의 기적으로 승철이는 치유를 많이 받았지만, 외관상으로 아직도 100% 온전치 못한 모습을 볼 때 어미의 가슴은 찢어질 듯 아팠다.

당시는 미국 비자를 받는 것이 어려운 시기였다. "하나님 아버지 미국 가는 것이 아버지 뜻이면 길을 열어주세요." 모든 일이 순조롭게 진행되었다. 단 한 가지 6살짜리 어린 승욱이를 떼어놓고 가야 한다는 것이 죽을 만큼 힘들었다. 시누이 집에 승욱이를 맡기고 나는 미국으로, 남편은 중동으로 떠났다. 졸지에 그 아이는 고아가 되어 버린 셈이다. 그때를 생각하면 지금도 작은아들에게 너무나 미안하다. 가까운 친구, 친척 하나 없는 미국 땅으로 어린 자식 하나는 떼어놓고 큰아들을 수술하기 위해 떠나는 발걸음은 비참하리만큼 슬펐다. 울고 울다 보니 어느덧 비행기는 미국 땅 앵커리지에 도착하였다.

> 여호와 그가 네 앞에서 가시며 너와 함께하사 너를 떠나지 아니하시며 버리지 아니하시리니 너는 두려워하지 말라 놀라지 말라
> (신 31:8)

그동안 승철이는 병원에 가서 검사한 적은 없지만, 하나님은 바울의 가시처럼 흔적을 남겨 놓으셨다. 이왕 고쳐 주시려면 완전히 고쳐 주실 것이지…. 그러나 감사하다. 지금까지 한 번도 보조기구를 착용하지 않았고, 더 악화하지 않은 것만으로도 성공이다.

미국이라는 나라는 오래 살면서 신용이 쌓여야 아파트를 얻을 수 있다. 일시불로 1년 치를 선불로 지불하겠다고 해도 아파트를 구할 수 없었다. 누군가 세금 보고를 정식으로 하는 사람이 보증을 서줘야 얻을 수 있는데 부모 형제 간에도 보증은 서주지 않는다.

우선 몇 다리를 거쳐 아는 집에 들어가 신세를 졌다. 신세 지고 있는 집 애니 엄마는 가발 등 잡화 파는 가게를 운영하고 있었다. 새벽이면 부부가 나가 밤늦게 가게 문을 닫고 들어온다. 거의 한 달 정도 신세를 졌다. 얼마나 감사했던지, 그 후로 나는 오늘날까지 선교사나 하나님의 자녀가 갈 곳이 없다고 하면 기꺼이 거처가 생길 때까지 우리 집에 머물 수 있게 한다.

하나님의 도우심으로 겨우 허름한 아파트를 얻었다. 바로 아파트 앞에는 아름다운 공원이 있었다. 공기도 좋고 식후 산책도 할 수 있어 좋겠다 생각하고 기쁨으로 들어갔다. 그런데 웬걸, 해질 때가 되어 어둑해지자 아무도 공원을 걷는 사람이 없었다. 위험한 지역이라 누구도 집 밖으로 나가는 사람이 없었다. 아침에 일어나 부엌에 나와 불을 켜면 바퀴벌레가 바닥이 안 보일 정도로 우글거렸다. 그래도 거처할 집이 생겼다는 것이 너무나 감사했다. 미국에서 나의 첫 생활은 이렇게 시작되었다.

이사한 다음 날 꿈을 꾸었다.

"기암절벽에 내가 대롱대롱 매달려 있었다. 온 힘을 다해 조금 튀어나온 바위조각을 붙잡고 매달렸는데 바위조각이 조금씩 부서져 떨어지기 시작하는 것이 아닌가! 아래를 내려다보니, 까마득한 곳에 시퍼런 물이 흐르고 있었다. 너무나도 무서웠다. 땀을 뻘뻘 흘리며 죽을힘을 다해 매달려 있었다. 팔은 떨어져 나갈 듯 아파왔다. 더 이상 버티기 힘든 그 순간이었다. 어디서인지 엄청나게 강한 회오리바람이 휘~익 불었다. "아악~!" 그대로 몸이 날아갔다. '이제는 죽었구나!' 눈을 감았다. 그런데 내 몸이 어딘가에 살포시 내려앉았다. 눈을 뜨고 보니 너무나 아름다운 곳 이었다. 꽃이 만발하고 예쁜 새가 지저귀는 파란 잔디 위에 앉아 있었다. 잠시 후 하늘에서 음성이 들렸다. "네가 너무나 불쌍해서 너를 이곳으로 인도했다."

그날 낮에 공원을 산책했다. '어머나! 꿈에서 본 바로 그곳이네.' "주님, 제가 그토록 주님 마음을 근심케 하였는데, 그래도 저를 사랑하세요?"

> 네가 말하기를 여호와는 나의 피난처시라 하고 지존자를 너의 거 처로 삼았으므로 화가 네게 미치지 못하며 재앙이 네 장막에 가까 이 오지 못하리니(시 91:9, 10)

승철이는 초등학교 4학년으로 학교에 들어갔다. 미국 이름이 필요했다. 나는 바울 같은 사람이 되라고 폴(Paul)이라고 이름을 지어주고 싶었으나, 본인이 크리스(Chris)가 좋다고 하여 그렇게 부르기로 하였다. 크리스는 영어도 전혀 모르고 학교에 갔으니 남들 공부할 때 할 게 없었다. 그렇다고 한국처럼 선생님이 야단치고 때리지를 않는다.

　하루는 학교에서 엄마를 오라고 했다. 교통수단이 없으니 다른 사람의 도움을 받아 학교에 갔다. 아이가 수업 시간에 혼자 히죽, 히죽 웃고 교실을 왔다 갔다 한다고 머리에 이상이 있는지 검사를 해보자는 것이었다. 정신감정까지 받으나 정상이었다. 그러던 아들이 지금은 미국 유명 신학대학원에서 인정받는 종신교수가 되었으니 얼마나 감사한 주님의 은혜인가!

> 여호와께서 행하시는 일들이 크시오니 이를 즐거워 하는 자들이 다 기리는도다 (시 111:2)

품에 안긴 어린 아들

나는 한국에 떼어놓고 온 작은아들이 너무나 보고 싶어 미친 듯이 통곡하며 주야로 하나님께 나아갔다. "하나님! 어린 자식이 보고 싶습니다. 제가 주님 눈앞에 안 보였을 때 주님도 이렇게 제가 보고 싶으셨나요?" 갑자기 나를 그리워하며 애타게 기다리시는 하나님 아버지의 마음이 가슴에 후~~욱 들어왔다. 땅을 치며 통곡하기 시작했다.

　"아이고, 하나님! 하나님 아버지도 이렇게 제가 보고 싶으셨어요?"
"이토록 제가 보고 싶으셨다고요!"
　"잘못했습니다. 아버지 잘못했습니다!"

데굴데굴 구르며 울고 울었다. "승욱이 제 자식이 보고 싶어요. 어린 아들을 보게 해주세요. 으흐흐 흑……." 승욱이를 데려오기 위해 두 번이나 미 대사관에 초청장을 보냈다. 그러나 우리에게 미국 비자를 준 이유는 어린 아들 하나가 한국에 남아있기 때문이었다. 결국, 수술이 끝나는 대로 한국으로 돌아가는 길 밖에 없었다. 그러다 보니 자동차도 못 사고, 간혹 어디를 가려면 누군가의 신세를 져야만 했다.

그러던 어느 날, 오갈 데 없는 우리를 받아준 애니 엄마가 자기와 함께 어디를 가자고 했다. 집에만 있어 답답하던 차에 얼른 따라 나섰다. 고속도로를 1시간 반쯤 달렸다. 버지니아에 있는 '우래옥'이라는 식당이었다. 한국 사람들이 약 30명 정도 모여 있었다.

그곳에 아는 사람이라고는 애니 엄마 빼고는 한 사람도 없었다. 옆에 나보다 젊어 보이는 여자가 말을 걸어왔다. 나는 미국 온 지 겨우 두 달 밖에 안되어 아무것도 모른다고 하자 그 여자는 자신을 광우 엄마라고 하며 자기를 소개하였다. 식사 후 헤어질 때가 되어 광우 엄마는 내게 전화번호를 물었다. 일주일이 지난 후 전화벨이 울렸다. 광우 엄마였다. 버지니아에 살고 있던 광우 엄마는 내가 있는 메릴랜드까지 오려면 거의 2시간 정도 고속도로를 달려와야 했다. 그런데 우리 집에 오겠다며 주소를 가르쳐 달라고 하였다.

광우 엄마는 내비게이션도 없는 시절에 그 먼 길을 지도책을 보며 고속도로를 달려왔다. 신기한 일이 아닌가? 처음으로 방문한 손님이었지만 그래도 두 번째 만남이라 마음 열기가 쉬웠다. 나는 미국에 온 이유를 설명하고, 지금 한국에는 작은아들이 있다고 했다.

"어린 아들이 너무 보고 싶어서 몇 번 초청했으나 비자를 받을 수가 없었어요. 아무래도 수술이 끝나는 대로 빨리 한국으로 돌아가야 할 것 같아요."

이런 말을 하다가 어린 아들이 보고 싶어 나는 또 울었다. 가슴이 찢어지는 것 같았다. 그런데 놀랍게도 광우 엄마가 따라서 울고 있었다. 한참 울던 광우 엄마는 자기는 남편이 미국 사람이라고 했다. 남편이 한국 영사관에 근무할 때 만나서 결혼했고, 한국이 너무 좋아 아들 이름도 '광우'라고 지었다고 했다. 그리고 지금은 한국 임기를 마치고 미국 국방성(Pentagon)에 근무하고 있단다. 광우 엄마는 내게 깜짝 놀랄 말을 하였다

"남편은 '한국 사람들이 비자 부탁을 많이 하니 당신은 어디 가서 내가 영사였다는 사실을 절대 말하지 말라' 했어요. 아무리 그랬지만 나도 자식을 키우고 있는데 얼마나 아이가 보고 싶으세요. 남편에게 아이를 데려올 수 있도록 부탁해 볼 테니 너무 걱정하지 마세요." 생전 처음 보는 사람, 하필 그 많은 사람 가운데 옆자리에 앉은 사람, 두 시간이나 걸려 찾아온 사람, 아무 이유 없이 찾아와 함께 울어준 사람, 이 모든 것이 과연 우연이란 말인가!

하나님은 자식이 보고 싶어 창자가 끊어지게 울부짖는 나를 외면치 않으셨다. 며칠 후, 미 대사관에서 시댁으로 전화가 왔다 '승욱이를 데리고 대사관으로 나오라'는 것이었다. 대사는 승욱이에게 직접 비자를 주고, 머리까지 쓰다듬어 주며 잘 다녀오라고 했단다.

드디어 하나님 아버지께서는 7개월 만에 사랑하는 아들을 내 품에

보내 주셨다. 내 생애 최고로 행복했던 시간이었다.

'오! 하나님 아버지, 역시 아버지는 살아 계셔서 저를 눈동자처럼 보고 계시는군요!'

하나님께서는 광우 엄마를 천사로 보내 주신 것이다. 후일에 내 삶에 여유가 생기고 나서 광우 엄마를 찾았다. 은혜를 갚고 싶어 전화를 걸었으나 번호가 끊겨 있었다. 광우 엄마에 대해 아는 정보가 하나도 없었다. 지금은 얼굴도 기억할 수 없으나 보고 싶고, 찾고 싶은 사람이다.

> 내가 산을 향하여 눈을 들리라 나의 도움이 어디서 올까 나의 도움은 천지를 지으신 여호와에게서로다 여호와께서 너를 실족하지 아니하게 하시며 너를 지키는 이가 졸지 아니하시고 주무시지 도 아니하시리로다(시 121:1-3)

왜 나를 이토록 사랑하시나요?

크리스의 수술 날이다. 아침부터 많이 긴장되었다. 나는 영어를 그리 잘하지 못했다. 의사와 이야기할 때도 1/3은 알아듣고, 2/3는 눈치로 들었다. 크리스를 수술 가운으로 갈아 입혔다. 잠시 후 간호사가 침대를 가져와 아이를 눕히더니 침대를 밀고 수술실로 들어갔다. 나는 수술실 앞 벤치에 아들이 벗어 놓고 들어간 슬리퍼를 안고 덩그러니 홀로 앉아 있었다. 아무도 곁에서 위로해 준다거나 말을 걸어 주는 사람도 없었다. 눈을 감았다. 불안, 두려움, 초조, 이런 감정들이 교차했다.

'수술이 잘 되겠지… 아들이 좋아지겠지…' 6시간이나 걸리는 대수술이었다. 목 밑에서부터 허리 밑에까지 열고, 쇠기둥을 세우고, 척추를 묶어 더 이상 돌아가지 못하게 하는 수술이었다. '오! 하나님 아버지! 아들을 살려주세요!!! 잘 고쳐주세요. 성령님! 의사의 수술하는 손을 꼭 잡아주세요.' 눈을 감고 앉아있었다. 누가 나를 부드럽게 흔들어서 눈을 떴다. 흰옷 입은 간호사가 서 있었다.

"Are you OK?"

나는 빙긋 웃으며 고개를 끄덕였다. 간호사는 정수기에 가서 종이컵에 물을 받아오더니 먹여주었다.

'이 사람이 왜 물을 먹이고 이러지? 나는 잠시 눈을 감고 앉아있었을 뿐인데…' 그런데 기가 막힌 말을 듣게 되었다.

"당신의 아들은 수술이 잘 끝나 지금 입원실로 옮겼어요." "네? 무어라고요? 수술이 다 끝났다고요?"

'이럴수가!' 간호사는 방번호를 가르쳐주며 어떻게 엘리베이터를 타고 어느 쪽으로 가라는 것까지 친절하게 설명해 주었다. '나는 그 오랜 시간 동안 무얼 했지?' 지금도 이해가 되지 않는다. "하나님 아버지! 아버지의 배려이셨군요." "아무도 없는 이국땅에서 홀로 자식의 수술실 앞에서 가슴을 태우며 기다리는 제가 그리도 불쌍하셨어요? 주님, 정말 주님 같은 분은 없습니다." 또 울 수밖에 없었다.

"아버지! 왜 저를 이토록 사랑하세요!"

> 여호와 우리 주여 주의 이름이 온 땅에 어찌 그리 아름다운지요 주의 영광이 하늘을 덮나이다 제가 무엇이기에 주께서 저를 생각 하시며 제가 무엇이기에 주께서 저를 돌보시나이까(시 8:1, 4)

나는 별로 까다롭지 않은 편이다. 그러나 아무 데서나 잠을 자는 스타일은 결코 아니다. 더욱이 그 상황에 어떻게 잠을 잘 수 있단 말인가? 아들의 생명이 왔다 갔다 하는 그 시간에 딱딱한 벤치에서 옆으로 쓰러지지도 않고, 어떻게 6시간이나 똑바로 앉아 잠을 잘 수 있다는 말인가! 나는 지금도 잠시 앉아 졸 때가 있으면 그때 생각이 난다. 5분 정도 졸다가 그만 일어나는 이유는 고개가 심히 끄떡거리고 곧 쓰러질 것 같기 때문이다.

도저히 이해되지 않는 상황에 처음에는 어안이 벙벙했다. 그리고 그 사실이 얼마나 엄청난 일인지조차 그 순간에는 깨닫지 못했다. 지금 생각하니 성령께서 내가 너무 불쌍해서 그냥 품에 안고 계셨나 보다.

> 여호와여 주께서 행하신 일로 나를 기쁘게 하셨으니 주의 손이 행하신 일로 말미암아 내가 높이 외치리이다 여호와여 주께서 행하신 일이 어찌 그리 크신지요 주의 생각이 매우 깊으시니이다(시 92:4-5)

나는 주의 일, 주는 나의 일

승욱이가 오고 나니 세상 근심이 하나도 없는 것 같았다. 초등학교 1학년에 입학시켰다. 우선 이름부터 지어주어야 했다. 성경 인물 중에서 내가 가장 좋아하는 다니엘, 간편하게 댄이라고 불렀다. 한국에 나갈 이유가 없어졌으니 망설일 필요 없이 중고 자동차를 샀다. 남에게 신세를 지지 않고 교회를 마음대로 다닐 수 있어서 너무나 좋았다. 당시 이동원 목사님이 담임목사로 계시는 워싱턴 제일한인침례교회를 다녔었다.

어느 주일이었다. 강대 꽃꽂이 봉사하는 집사님이 다음 주일, 다른 도시에 갈 일이 있다며 봉사자를 찾고 있었다. 한국에서 교회 강단 꽃꽂이 봉사한 경험이 있던 나는 기쁨으로 자원하였다. 그러나 토요일에 꽃을 사서 꽂아 놓아야 하는데, 길도 모르고 꽃을 어디서 사야 하는지조차 모르는 상태였다. 미국까지 와서 교회 강단에 꽃을 장식한다는 사실만으로 너무나 좋아 앞뒤 가릴 사이 없이 단순한 마음으로 자원했다.

메릴랜드에는 교포들을 돕는 봉사센터(Korean American Community Service Center)가 있었다. 그곳은 은퇴하신 목사님이 미국에 처음 와서 아무것도 모르는 사람들이 정착할 수 있도록 여러 가지를 저렴한 비용을 받고 도와주는 곳이다. 나 역시 몇 차례에 걸쳐 작은아들을 데려오는 문제를 상담했던 적이 있어서 그곳까지 가는 길은 찾아갈 수 있었다. 꽃시장을 물어보았다. 목사님은 마침 그 동네에 문구를 사러 가야 할 일이 있으니 따라오라고 하였다. 목적지에 도착해서 각자 일을 보러 가기 위해 인사를 하고 헤어졌다.

순간 목사님께 고마운 생각이 들었다. 다시 돌아서서 "목사님 ~" 불렀다.

"저~ 볼일 보시고 난 후 저녁 식사 대접하고 싶은데요." "좋지요."

목사님과 나는 각자의 볼일을 마치고 다시 만나 근처 중국 식당으로 갔다. 봉사센터에서 상담할 때는 기다리는 사람들이 많아 사무적인 용건만 잠시 이야기해야 했다. 그러나 그날은 식사를 하며 충분한 시간을 갖고 대화할 수 있었다. 미국 오게된 동기부터 현재 처한 상황을 자세히 말씀드릴 기회를 얻었다. 한참 기분 좋게 먹고 있을 때였다.

번뜩! '아 참! 돈! 조금 있던 돈은 꽃을 다 샀고, 미국 온지 얼마 안되서 크레디트 카드도 없는데 큰일 났네…' 갑자기 등에서 땀이 나기 시작했다. 밥이 안 넘어갔다. 식사 대접한다고 내가 초대했는데, '아휴, 어쩌면 좋아!' 너무나 당황스러웠다.

"저~~ 목사님, 혹시 도~ 온, 있으세요?"

쥐구멍이 있으면 들어가고 싶었다. 겨우 기어들어가는 소리였다.

"아~네, 염려 말고 드세요. 허허허."

쩔쩔매는 나를 보고 목사님은 재미있으셨나 보다. 망신이라고 생각했는데 덕분에 목사님과 친해질 수 있는 계기가 되었다.

봉사센터에는 파트타임으로 자원봉사 하는 이 박사라는 여자 공학박사가 있었다. 그분이 포항 공대 교수로 가게 되어 누군가 도와줄 사람이 필요했던 때였다. 며칠 후 목사님에게 전화가 왔다. "집에만 있지 말고 나와서 전화나 받으슈." 아이들을 학교 보내고 갈 곳이 생겼다. 목사님은 조금씩 받는 수수료를 거의 내게 주었다. 아무것도 모르는 내게 수호천사와 같은 존재였다. 더욱이 주로 영주권, 시민권 서류를 대행해 주고 상담해 주는 일이다 보니 어깨너머로 이민법을 배우게 되었다. 나의 미국 생활에 결정적으로 하나님께서 천사처럼 사용하여 도움이 되어준 잊지 못할 사람은 광우 엄마와 이 분 한태경 목사님이다.

뿐만 아니라 이후 메릴랜드 장로교회 성가대 지휘자로 청빙을 받게 되었다. 이 일로 인해 하나님께서는 하늘의 별 따기인 영주권을 돈한 푼 안 들이고 아이들과 함께 입국 후 꼭 1년 만에 받을 수 있게 해 주셨다. 내가 받은 영주권은 제3순위 전문직 인재에게 주는 아주 특별한 영주권이다. 나는 학위도 없다. 세계적인 예술인도 아니다. 겨우 3백 명 모이는 교포교회의 성가대 지휘자일 뿐이다. 그러나 엘사다이(전능하신) 하나님은 입국할 때 받은 비자 기간 1년이 만료되기 꼭 하루 전날 귀한 영주권을 선물로 주셨다. 과연 이것이 우연일까? 만일 하루만 늦었더라도 불법체류자가 되었을 것이다. 모든 서류를 꼼꼼히 챙겨준 한 목사님도 수십 년 동안 이런 케이스는 처음 보았다며 신기해하였다.

하나님 자녀에게 우연이란 없다. 자그마한 일 하나가 계기되어 하나님의 준비된 큰 계획은 이루어지고 있었다. 그때 교회 강대상에 꽃 꽂이 봉사를 자원하지 않았더라면 어떻게 되었을까?

> 착하고 충성된 종아 네가 적은 일에 충성하였으매 내가 많은 것을 네게 맡기리니 네 주인의 즐거움에 참여할지어다 (마 25:23)

제5장

시애틀,
갈등의 시간

한심한 여인

그동안 어렵고 힘든 미국 생활 가운데 하나님께서는 내가 예쁜 짓을 하든 안 하든, 기도 생활을 제대로 하든 못하든, 관계하지 않고 나를 지키시고 항상 곁에서 보호자가 되어 주셨다. 그 옛날 출애굽 하던 이스라엘 백성이 틈만 나면 하나님을 원망하고, 불평하고, 우상 섬기며, 주님을 배반했으나 그 백성을 절대 버리지 않으신 주님의 사랑은 내게도 동일했다. 하나님은 인내와 자비와 긍휼하심으로 끝까지 참고 기다려 주셨다.

> 하나님 한 번도 나를 실망시킨적 없으시고
> 언제나 긍휼과 은혜로 나를 지키시네,
> 지나온 모든 세월들 돌아보아도 그 어느 것 하나 주의 손길
> 안 미친 것 전혀 없네. 오 신실하신 주, 오 신실하신 주
> 내 너를 떠나지도 않으리라, 내 너를 버리지도 않으리라
> 약속 하셨던 주님 그 약속을 지키사 이후로도 영원토록
> 나를 지키시리라 확신하네.

나는 이 찬양을 진정한 눈물의 고백으로 주님께 종종 올려 드렸다.

메릴랜드에서 마음을 못잡고 방황하는 나를 보고 하나님께서는 다시 시애틀로 옮겨 놓으셨다. "사랑하는 내 딸아, 다시 시작하여라. 네가 어떤 상황에서도 내 앞으로 나오고 나를 찾았듯이 나도 너를 결단코 포기하지 않는다."

나는 하나님의 진한 사랑의 빚을 많이 진 자이다. 연약하여 백 번 넘어지더라도 백 번 울며 주님께로 달려 나갔다. '이 모습 이대로 주 받으옵소서!' 예수님께 가까이 다가오지 못하고 멀리 서서 감히 눈을 들어 하늘을 쳐다보지 못한 채 가슴을 치며 죄인임을 고백한 세리와 같았다. '주 나를 박대하시면 내 어디 가리이까!' 통곡하며 하나님께 나아갔다. '하나님 아버지, 저 좀 살려주세요!' 하며 울부짖었다.

> 내 속 사람으로는 하나님의 법을 즐거워하되 내 지체 속에서 한 다른 법이 내 마음의 법과 싸워 내 지체 속에 있는 죄의 법으로 나를 사로잡는 것을 보는도다 오호라 나는 곤고한 사람이로다 이 사 망의 몸에서 누가 나를 건져내랴(롬 7:23-24)

이 말씀은 살아있는 말씀이었고, 진정한 내 마음의 고백이었다. 불행한 사실은 하나님을 갈망하고 그 곁을 떠날 수는 없었지만, 세상맛을 보고 난 후 마약과 같은 세상 즐거움을 끊기란 결단코 쉽지 않다는 것이었다.

이 세상이나 세상에 있는 것들을 사랑하지 말라 누구든지 세상을 사랑하면 아버지의 사랑이 그 안에 있지 아니하니 이는 세상에 있는 모든 것이 육신의 정욕과 안목의 정욕과 이생의 자랑이니 다 아버지께로부터 온 것이 아니요 세상으로부터 온 것이라(요일 2:15-16)

이러한 반복되는 갈등 속에서 내 마음에 떠나지 않는 의문이 있었다. 하나님께서 베푸신 기도 응답, 기적과 은혜를 이토록 많이 경험했음에도 불구하고 내 삶은 왜 이렇게 허전할까? 어찌하여 하나님은 당신의 사랑으로 내 가슴을 채워주지 못하시는 걸까? 공허한 가슴을 달래기 위해 쇼핑을 즐겼다. 명품을 사 모으며 사치와 허영으로 허전함을 채우려 하였다.

미국 와서 나의 드림 카는 클래식 벤츠 오픈카였다. 예전에 본 영화에서 엘리자베스 테일러가 벤츠 오픈카를 타고 선글라스를 끼고, 머플러를 팔락거리며 운전하는 장면이 너무도 멋져 보였었다. 나도 똑같은 차를 사서 흉내를 내 보았다. 아이고~~ 바람이 얼굴을 때리고, 자동차들이 내뿜는 매연을 직접 마시게 되니 숨쉬기가 힘들었다. 주위의 소음 때문에 음악을 들을 수 없어서 드라이브를 즐길 수 조차 없었다. 게다가 얼굴이 금세 그을게 되는 것이 아닌가!! '아이고~ 세상에, 이거 두 번 다시 할 일이 아니네…!' 이후 다시는 자동차 뚜껑을 열고 운전하지 않았다.

'빈 수레가 더 요란하다' 듯이 그때의 내 삶이 그랬다.

모든 만물이 피곤하다는 것을 사람이 말로 다 말할 수는 없나니 눈은 보아도 족함이 없고 귀는 들어도 가득차지 아니하도다(전 1:8)

암덩어리처럼 퍼지는 죄의 독성

한 번 죄의 길에 빠졌던 못된 죄성은 잠시라도 방심하면 암덩어리처럼 퍼져 온몸을 지배했다. 그때만해도 용서하지 못한 시집 식구들과 남편의 문제가 해결되지 않은 상태였다. 아무리 은혜로 살려고 "하나님 ~ 살려주세요!" 발버둥 쳐도 사탄 마귀가 드나드는 통로가 열려 있었기 때문에 원수 마귀는 나를 그냥 두지 않았다. 사탄은 내 주변을 맴돌다 기회만 있으면 스크럼을 짜고 나를 공격했다.

그럼에도 불구하고 은혜 가운데 하나님의 사랑은 나를 감싸고 안아 주었다. 앞에 기록한 것처럼, 큰아들 승철이의 수술, 작은아들 승욱이의 미국 도착, 불법체류자가 되기 하루 전 영주권이 나온 사실… 그 외에도 기록하지 못한 많은 위기와 사건 속에서 하나님은 나를 품고, 안고, 행여 다칠세라 지켜 주셨다.

그러나 사람의 힘으로는 도저히 이루어질 수 없었던 모든 기적들과, 하나님 은혜가 크면 클수록, 주님을 위해 제대로 살지 못한다는 가책은 죄책감이 되어 마음을 짓눌렀다.

> 나의 하나님이여 내가 부끄럽고 낯이 뜨거워서 감히 나의 하나님 을 향하여 얼굴을 들지 못하오니 이는 우리 죄악이 많아 정수리에 넘치고 우리 허물이 커서 하늘에 미침이니이다(스 9:6)

나의 삶이 거센 사탄과의 전쟁으로 살기 힘들었던 이유 중 하나는,

그런대로 반반한 얼굴과 아직도 날씬한 몸매와 거룩하지 못한 매력을 풍긴다는 것이었다.

어디를 가나 눈에 띄는 외모 때문에 도리어 사는 게 고달팠다. 때로는 의지할 사람 하나 없는 이국 생활에서 한 번만 웃어주면 죽으라면 죽는 시늉까지 하며 달려드는 골 빈 남정네들 때문에 적당히 편리할 때도 있었다.

꿈의 나라 미국이라고 하지만 길도 모르는 상태였으니 어느 곳 하나 가보지도 못하고 살았다. 그런 상황에 누군가가 아주 아름다운 해변이 있고, 싱싱한 바닷가재 요리가 있다고 은근히 유혹한다. '따라가면 안되지!' 하면서도 한편 마음으로는 따라가고 싶었다. 구경하고 싶었다. 먹고 싶었다. 살짝 마음의 문을 여는 순간 사탄은 그때부터 내 몸에 붉은 피를 돌게 했다.

'아버지! 지금 나는 바람도 쐬러 가고 싶고, 해변도 보고 싶고, 싱싱한 바닷가재 요리도 먹고 싶은데 주님은 보이지도 않고, 이 일을 해 주시지 못하시는데 어떻게 하면 좋아요?' 주님께 억지 떼를 쓴다. 그러나 세상의 그 어떤 것으로도 내 마음을 만족하게 할 수 없기에 결코 행복할 수 없었다. 왜냐하면 나의 허전함은 하나님, 그분 외에 그 어떤 것으로도 채울 수 없고, 만족할 수 없는 굶주림이기 때문이었다

제6장

회심

영혼의 깊은 밤

나는 점점 사람이 두려워져서 고립된 생활을 시작하였다. 하나님은 내게 좋은 것만 주시는 분이 아니었다. 인간관계에 있어서 철저하게 배신과, 루머와 오해와 억측의 욱여쌈 가운데로 몰아가셨다. 그런 상황에서 스스로 고립을 자초했고, 고립 당하기도 했다. 그렇지만 나는 누구에게도 변명할 수가 없었다. 지금 왜 이런 소리를 듣는지 누구보다도 나 자신이 잘 알았기 때문이었다.

떠도는 소문을 모두 동의할 수는 없었어도 당당하게 '아니요'라고 선언할 수는 없었다. '나는 결백합니다!' '나는 억울합니다!' 이렇게 말할 수 없는 이유는 끊임없이 끓어오르는 더러운 죄성을 내 양심이 너무도 잘 알기 때문이었다.

> 내가 그리스도 안에서 참말을 하고 거짓말을 아니하노라 나에게 큰 근심이 있는 것과 마음에 그치지 않는 고통이 있는 것을 내 양심이 성령 안에서 나와 더불어 증언하노니 **(롬 9:1)**

죄는 처음에 아주 살그머니 들어오기 때문에 깨어 있지 않으면 인식할 수 없다. 작은 죄를 용납하면 자기도 모르는 사이에 죄의 종이 된다. 파란 잔디밭의 잡초 한 포기를 뽑지 않으면 얼마 후 잡초밭이 되어 버리듯 말이다. 이와 마찬가지로 우리의 죄도 처음에는 우리를 서서히 유혹한다. 그 유혹 앞에서 우리는 종종 죄의식을 느끼기도 한다. 후에는 차츰 부끄러움을 모르게 되고, 뻔뻔스럽게 되어 버린다.

> 성령이 밝히 말씀하시기를 후일에 어떤 사람들이 믿음에서 떠나 미혹하는 영과 귀신의 가르침을 따르리라 자기 양심이 화인을 맞 아서 외식함으로 거짓말하는 자들이라(딤전 4:1-2)

특히 한번 죄의 길에 빠졌던 사람들은 늘 깨어 있어야 한다. 일부 연예인 중 어떤 사람은 죄의 길에 빠져 있다가 예수님을 드라마틱하게 만난 후 변화된 삶의 모습을 보게 되는 경우가 종종 있다. 후에 자신이 죄인이었음을 고백하며 TV방송에서나, 교회를 순회하며 간증 집회를 다닌다. 얼마나 귀한 하나님 나라의 영광인가! 그러나 바쁘게 만드는 사탄의 올무에 걸려 버리면 핑곗거리가 많아지고 기도와 말씀으로 깨어 있지 못하게 되다가 마침내 이전보다 더욱 방탕하게 될 경우가 있다. 그러므로 처음에는 성령 충만함으로 시작하여 하나님께 영광을 돌렸지만, 나중에는 육체로 끝나고 하나님의 영광을 가리게 되는 경우가 많다는 것을 깊이 알아야 한다.

> 너희가 이같이 어리석으냐 성령으로 시작하였다가 이제는 육체

로 마치겠느냐(갈 3:3)

죽기를 원하나이다

시애틀의 겨울은 비가 많이 오고 스산하여 추위가 뼛속 깊이 스며든다. 유난히 으스스한 어느 주일이었다. 그날도 예배를 드리고 고속 도로를 달리고 있었다. 제법 굵은 빗줄기에 희뿌연 유리창을 닦는 윈도우 브러쉬는 바쁘게 움직이고 있었다.

"하나님 아버지! 이건 아닌데요. 제 인생이 왜 이렇게 되어가고 있습니까? 이건 제가 생각하는 삶이 아닙니다. 염치없어 더 이상 기도할 수도 없습니다. 뭐하나 달라짐이 없이 반복되는 이 죄악들, 더러움들, 언제까지 끌어안고 살아가야 합니까? 더 이상 주님의 은혜를 기다리는데 지쳤습니다. 차라리, 차라리 저를 데려가 주십시오. 저는 살 가치도, 없고 살기도 싫습니다."

빗소리에 섞여 들리는 흐느끼는 울음소리는 더욱 나를 처참하게 했다. 황폐해진 광야 같은 인생길에서 주님을 향한 나의 부르짖음은 마치 비명과 같았다. 그때 나는 이 큰 고통의 늪에서 구원해줄 어떤 신이라도 있다면 지구 끝까지라도 찾아가고 싶은 마음이었다.

나는 말하기를 만일 내게 비둘기같이 날개가 있다면 날아가서 편히 쉬리로다 내가 멀리 날아가서 광야에 머무르리로다 (셀라)

> 내가 나의 피난처로 속히 가서 폭풍과 광풍을 피하리라 하였도다(시 55:6-8)

강하고 부드러운 손

1992년 미국 캘리포니아 에나헴에 있는 큰 교회에서 특별 집회가 있었다. 그때 찬양단으로 섬길 기회가 왔다. 그 시기 나는 영적으로 아주 고갈된 상태였다. 하나님을 향하여 잃어버린 첫사랑을 회복시켜 주시든지, 아니면 이대로 삶을 끝내 주시든지 하라는 마음으로 하나님께 부르짖고 있었다.

> 하나님이여 주는 나의 하나님이시라 내가 간절히 주를 찾되 물이 없어 마르고 황폐한 땅에서 내 영혼이 주를 갈망하며 내 육체가 주를 앙모하나이다(시 63:1)

예배는 점점 뜨겁게 달궈지고 있었다. 미국 목사님들이 한 사람씩 몸에 손을 대지 않고 화롯불을 쪼이듯 손을 가까이 대고 기도하였다. 목소리도 바로 앞사람만이 들을 정도로 조용했다. 'Come, Holy Sprit…'

한국에서는 집회를 가면 강사가 소리 높여 열정적으로 설교한다. 기도 사역자들 역시 몸이 땀에 흥건히 젖도록 온 힘을 다해 기도해 준다. 그런데 누구 못지않게 열정적으로 신앙생활을 해 온 나로서는 여태껏

보지 못했던 희한한 일이 그곳에서 벌어지고 있었다. 전혀 몸에 손을 대지 않고 기도해주는데 사람들이 쓰러져 울고 웃고…하는 것이 아닌가!

　나는 한국에서 성령 충만하고 싶은 열망 때문에 가장 뜨겁다고 하는 순복음교회에서 20대부터 구역장을 하며 광신자라는 소리를 들었었다. 그런데 이게 뭐야? 내가 이상한 곳에 잘못 왔나? 혼돈 가운데 서 있는데 그 교회에서 한국 부서를 담당하는 민 목사가 다가왔다. 그리고 어떤 미국 목사를 가리키며 저 분에게 가서 기도 받으라고 귀띔해주었다. 그 말이 끝나기가 무섭게 나는 울고 있는 어느 여자 목사를 검지로 가리키며 "나 저렇게 될까봐 기도 안 받아요." 고개를 내 저었다. 입가에는 약간의 비웃음까지 띤 단호하고 도도한 음성이었다. 민 목사는 민망한 듯이 내 곁을 떠났다.

　혹시나, 이번 기회에 그리도 갈망하는 하나님을 만날 수 있을까 하여 비행기 값을 지불하고 LA까지 온 것이 얼마나 후회가 되었던지…. '그런데 기도도 소곤소곤 작은 소리로 하는데 어떤 힘이 저들을 저토록 쓰러뜨리고 울리고 웃기지?' 사람들이 웃는데 그냥 웃는 일반 웃음이 아니었다. 웃다, 웃다 배가 너무 아파 배를 잡고 굴렀다. 참으로 이해가 안됐다. 이상하기도 하고 바닥에 즐비하게 누워 깔깔 웃고, 우는 모습들이 영 맘에 들지 않았다.

　'뻘쭘하게 서 있느니 화장실이나 가자.' 잠시 나갔다 와서 다시 예배실로 들어오는데 찬양단 앞에 안개가 끼어 있듯이 시야가 뿌옇다. 눈을 비벼 보았으나 안개가 자욱했다. 한 걸음 한 걸음 앞을 향하여 걷기 시작했다. 서너 걸음 걸었는데 다리가 문어 다리처럼 흐물, 흐물거렸다. '어~어~' 넘어지지 않으려고 애를 썼다. 그런데 어떤 강하고 부드러운 힘이 나를 휘익~~덮어서 곧 쓰러지고 말았다. 그러자 갑자기 뱃속 깊은 곳에서부터 통곡이 터져 나왔다. 마치 화산의 분화구가 터져 나오듯 절제할 수 없는 큰 소리로 마구 울어 댔다. 방금 손가락질 한 어떤 사람보다 더욱 심하게….

의지할 사람 하나 없이 어린 아들 둘을 데리고 이국 땅에서 살며, 쌓이고 쌓인 한이 터지는 것과 같았다. 한 편으로는 내가 지금 왜 울고 있지? 왜 창피하게 사람들 앞에서 이렇게 쓰러졌지? 이제 부끄러워 어떻게 일어나나…생각은 생각일 뿐, 계속 통곡, 통곡은 그칠 줄 몰랐다. 한 시간 이상을…. 그리고 더 가관인 것이 찬양단 음악에 맞춰 내 손이 자연스럽게 올라가고 아름답게 춤을 추는 것이 아닌가! 어~라, 별짓 다 하네~ 하면서도 누운 채로 춤을 계속 추었다. 황홀경에 빠지면서…이러한 새로운 성령의 기름 부음과 충만함이 내 영혼을 뒤흔들었다. 며칠 전 운전을 하며 죽여 달라던 슬픔 덩어리는 온데 간데 없어졌다.

> 너희는 유혹의 욕심을 따라 썩어져 가는 구습을 따르는 옛 사람을 벗어 버리고 오직 너희의 심령이 새롭게 되어 하나님을 따라 의와 진리의 거룩함으로 지으심을 받은 새 사람을 입으라 (엡 4:22-24)

네 남편을 데려오라

다음 날 나는 자원하여 민 목사님이 기도 받으라던 목사님에게 가서 기도를 받았다. 여러 말씀 안했다. "너에게는 남자를 두려워하는 영이 있다." 놀랍게 정곡이 찔렸다. 사실 35세부터 남편 없이 미국에서 살면서 남자들을 많이 경계할 수밖에 없었다. 젊은 사람이든 늙은 사람이든 내게 친절을 베풀면 고맙기도 하지만 혹시나 '저 사람이?' 하면서 아무도 믿을 수 없다는 사실이 나를 더욱 외롭게 하였다.

목사님은 손으로 앞에 있는 의자를 가리키며 저기 가서 앉아 요한복음 4장 10절부터 18절까지를 읽으라 하였다. 읽기 시작하였다.

> 16절 네 남편을 불러 오라
> 17절 나는 남편이 없나이다
>   네가 남편이 없다 하는 말이 옳도다
> 18절 너에게 남편 다섯이 있었고 지금 있는 자도 네 남편이 아니니 네 말이 참되도다

쾅! 쾅! 쾅! 머리에서 쥐가 나는 것 같았다. 우물가의 여인이 주님을 만난 이후 그의 삶은 변했다. 그 여인은 더 이상 부끄러움과 수치심으로 두려워하지 않았다. 담대하게 예수님을 메시아로 전했다.

> 여자가 물동이를 버려두고 동네로 들어가서 사람들에게 이르되 내가 행한 모든 일을 내게 말한 사람을 와서 보라 이는 그리스도가 아니냐 하니 (요 4:28, 29)

하나님께서는 내게 점점 더 풍성한 은혜를 주셨다. 주신 요한복음

4장 10절 말씀은 살아서 내 속에서 매일 통회와 눈물로 역사했다.

> 예수께서 이르시되 네가 만일 하나님의 선물과 또 네게 물 좀 달라 하는 이가 누구인줄 알았더라면 네가 그에게 구하였을 것이요 그가 생수를 네게 주었으리라(요 4:10)
> 내가 주는 물을 마시는 자는 영원히 목마르지 아니하리니 내가 주는 물은 그 속에서 영생하도록 솟아나는 샘물이 되리라(요 4:14)

이때부터 주님은 성령의 임재가 무엇인지, 주님의 사랑이 어떠한지 알려주기 시작하셨다. 또한 약속한 말씀대로 생수를 주셨다. 주님이 주는 생수는 이 세상의 어떤 언어로도 표현할 수가 없었다. 뱃속 깊은 곳에서 샘물처럼 기쁨, 평강, 설렘, 시원함 등이 솟아났다. 그토록 목말라 사모하던 생수! 형용할 수 없는 황홀함! 이것이 바로 신비 아닌가!

> 나를 믿는 자는 성경에 이름 같이 그 배에서 생수의 강이 흘러나오리라(요 7:38)

나도 너를 정죄하지 아니하노라

요한복음 8장 말씀을 읽을 때였다.

> 4절 선생이여 이 여자가 간음하다가 현장에서 잡혔나이다

7절 너희 중에 죄 없는 자가 먼저 돌로 치라

10절 여자여 너를 고발하던 그들이 어디 있느냐 너를 정죄한 자가 없느냐

11절 대답하되 주여 없나이다 예수께서 이르시되 나도 너를 정죄하지 아니하노니 가서 다시는 죄를 범하지 말라 하시니라

"나도 너를 정죄하지 아니하노니 가서 다시는 죄를 범하지 말라." "나도 너를 정죄하지 아니하노니……" "가서 다시는 죄를 범하지 말라~~~." 귀에서 윙~윙~ 돌았다. 밤새도록 성령의 임재 가운데 위의 말씀이 심령 깊은 곳에서 반복적으로 들려왔다.

그가 몸 안에 있었는지 몸 밖에 있었는지 나는 모르거니와

(고후 12:2, 3)

정신은 환각 상태인 것 같았다. 주님 외에 그 무엇도 원함이 없었다. 마약을 먹으면 이런 상태가 되어서 한번 빠지면 헤어나지 못하나 보다. 사탄이 주는 황홀함은 그 열매가 멸망이요 죽음이나, 성령의 열매는 기쁨이요, 평강이요, 영생이다. 다음 날 묵은 체증이 내려간 듯 가슴이 시원해졌다.

'우~와~~ 행복하다!' 이 이상의 다른 표현이 있을까! 이제 더 이상 외로워서, 불행해서, 억울해서, 죄책감으로 가슴을 치며 우는 일은 없을 것이다. 나는 십자가 위의 주님을 만났다!! "오! 주여, 절대로 나 때문

에 이 십자가를 지실 수 없습니다. 그럴 수 없습니다. 안 돼요~" 소리치고 손을 내저으며 통곡했다. "제발, 제발! 예수님, 내 죄는 내가 그 값을 치르게 해주세요! 저를 죽게 두세요! 제가 죽겠습니다!!" 절규하였다. 이 감격과 주님의 십자가 사건은 계속 마음 깊이 때론 생수로, 때론 통곡으로 예수님 앞으로 나아가게 했다.

주님께서 전격적으로 찾아오신 후 나는 우물가의 여인처럼 변하기 시작했다. 나의 사고, 가치관, 인생관, 체질까지 바뀌어 갔다. 가치관이 바뀌게 되니 이전에 주님 안에서 누렸던 첫사랑의 행복과 소망의 싹이 회복되기 시작했다.

> 오직 성령의 열매는 사랑과 희락과 화평과 오래 참음과 자비와 양선과 충성과 온유와 절제니 이 같은 것을 금지할 법이 없느니라 (갈 5:22, 23)

가치관의 회복으로 말미암아 주님은 제일 먼저 우리 가정을 회복시키셨다. 시댁을 향한 분노! 내가 바라던 명문가문에 대한 환멸은 남편을 향한 마음을 얼어붙게 만들었었다. 그리고 이 문제는 내가 평생토록 넘어야 할 큰 산 이었다. 나는 이렇게 눈물로 찬양을 드린다.

내 영혼이 은총 입어 중한 죄짐 벗고 보니
슬픔많은 이세상도 천국으로 화하도다
할렐루야 찬양하세 내 모든 죄 사함 받고
주 예수와 동행하니 그 어디나 하늘나라

눈물의 나날, 기도의 삶

하나님은 내게 눈물의 은사를 주셨다. 나의 삶은 오랜 세월 눈물로 기도 드린 삶이라 할 수 있다. '나는 왜 이렇게 울지?'라는 의문이 항상 있었다. 회개함으로 울었고, 기뻐서 울었고, 주님을 갈망해서 울었고, 주님을 만나서 울었고, 주님과 함께 있음이 행복해서 울었다.

회개의 눈물은 하나님의 선하심을 거역하고 멀리 떠나 있던 죄로 인하여 마음을 찢으며 돌이키는 눈물의 기도이다. 기쁨의 눈물은 진정한 통회와 회개를 거친 후 하나님께 감사해서 흘리는 눈물이다. 이러한 기쁨의 눈물이야말로 우리의 영혼을 깨끗이 씻어준다. 눈물의 기도는 삶의 기쁨을 가져다 주었고, 주체할 수 없는 눈물이 동반되었다. 또한 주님과 깊은 교제의 시간 속으로 이끌어주었다. 눈물을 동반한 기쁨이란 과연 무엇일까?

"왜 나는 다른 사람들과 다르게 이토록 울까?" "혹시 어디가 고장난 것은 아닐까?"

처음 주님을 인격적으로 만난 이후에는 기도 시간 외에도 온종일 울었다. 부엌에서 설거지하며 울었고, 운전 중에도 울었다. 이렇게 울고 산 시간이 족히 30년이 넘는다. 한국에 와서 그날도 예수님을 생각하며 운전을 하고 있었다. 예수님은 내 의지와 상관없이 눈을 감을 때나 뜰 때나 항상 나와 함께 계셨고, 자동차 라디오 채널은 언제나 극동방송에 맞추어져 있었다. 그때 곽선희 목사님 말씀이 들려왔다.

"여러분! 사람이 최고로 기쁠 때 웁니까? 웃습니까? 미스코리아 진!

할 때 호호호 웃는 사람 봤습니까? 거의 얼굴을 감싸고 웁니다. 이산가족이 상봉할 때 50년 만에 만난 부모 형제들이 얼싸안고 웁니까? 웃습니까? 웃음에는 여러 종류가 있습니다. 쓴웃음, 비웃음, 실컷 웃고 악수한 후 돌아서며 너 두고 봐라 하며 웃는 웃음 등등… 우리가 성령님을 진짜로 만나면 울게 됩니다. 그것이 진짜요. 눈물에는 가짜가 없어요~." 약간의 이북 사투리가 섞인 목사님 말씀은 그날 이후 나의 눈물에 관한 의혹을 말끔히 씻어 주었다.

성경 속에 나오는 몇 가지 눈물에 관하여 생각해보았다. 예레미야는 눈물의 선지자로 잘 알려져 있다. 그는 얼마나 울었을까?

> 어찌하면 내 머리는 물이 되고 내 눈은 눈물 근원이 될꼬 죽임을 당한 딸 내 백성을 위하여 주야로 울리로다(렘 9:1)
> 그들의 마음이 주를 향하여 부르짖기를 딸 시온의 성벽아 너는 밤 낮으로 눈물을 강처럼 흘릴지어다(애 2:18)

이 눈물은 세상의 죄와 자신의 죄로 인하여 흘리는 눈물이다. 또한, 시편 기자의 눈물을 살펴보았다.

> 내 눈물이 주야로 내 음식이 되었도다(시 42:3)
> 저희가 주의 법을 지키지 아니함으로 내 눈물이 시냇물 같이 흐르 나이다(시 119:136)

시편 기자는 매일의 식사처럼 날마다 눈물을 흘렸다고 하였다. 그리고 하나님의 법을 무시하는 사람들의 어리석음과 패역함을 보며 흘리는 중보의 눈물은 시냇물처럼 흘렀다. 예수님께서도 눈물에 관하여 이렇게 말씀하셨다.

> 애통하는 자는 복이 있나니 그들이 위로를 받을 것임이요(마 5:4)
> 지금 우는 자는 복이 있나니 너희가 웃을 것임이요(눅 6:21)
> 옥합을 깨뜨린 여인은 울며 눈물로 예수님의 발을 적시고 자기 머리털로 닦고 그 발에 입 맞추고 향유를 부으니(눅 7:36-47)

이 말씀은 내게 많은 은혜와 위로가 되었으며 더 마음 놓고 울 수 있는 계기가 되었다. 나의 눈물은 어느 때는 더 많은 주님의 사랑을 갈망해서 울고, 내 영이 주님을 만날 때 감사해서 울고, 그리고 모든 삶이 하나님의 것들로 가득 채워지길 사모하며 울었다. 그리고 평상시에는 주님의 음성에 귀 기울이다 목마름으로 울 경우가 많다. 어쩌다 주님이 느껴지지 않을 때면 그야말로 안달이 난다. 마치 엄마가 아기를 잠시 혼자 두었는데 엄마가 곁에 없음을 감지한 아기가 두려움과 불안으로 자지러지게 우는 그런 울음이었다. 다윗은 얼마나 울었던가?

> 내가 탄식함으로 피곤하여 밤마다 눈물로 내 침상을 띄우며 내 요를 적시나이다(시 6:6)

오랜 방황의 삶은 끝났지만, 하나님의 훈련은 이제부터 시작이 되었다.

제7장

주님과 동행하는 여행

스코틀랜드의 옥스퍼드

나는 아들이 새로운 길을 갈 때면 언제나 지도책을 펴 놓고 손가락으로 짚어가며 기도했었다. 시애틀에서 신학대학원을 가기 위해 보스턴까지 이삿짐 트럭을 끌고 갈 때도 그렇게 했고 스코틀랜드 갈 때는 초행 길에 아이까지 생겨 가족을 데리고 가게 되니 더욱 간절히 기도했다.

그 시절 파운드가 달러의 배나 되어 미국에서 돈을 갖다 쓰는 사람은 많이 힘들 때였다. 집이 안정될 때까지는 매끼 사 먹는 것도 문제가 되었을 것이다. 많은 고비를 넘기고 안정되게 살 수 있도록 인도해 주신 하나님의 은혜가 너무 감사했다.

2005년 9월 5일, 스코틀랜드! 지도를 펴 놓고 짚어가며 기도한 그곳에 왔다. 큰아들 크리스의 집으로 가는 길은 시골길을 1시간쯤 달려가야 했다. 목적지인 세인트 앤드류스에 도착하였다. 방 세 개 있는 자그마한 집이었다. 역사와 전통이 깊은 유럽은 모든 것에 역사가 있었다. 현관문에 번호 키는 상상도 못 한다. 고전 영화에서나 보는 다섯 냥

짜리 황금 열쇠만한 키를 사용하고 있었다. 창 너머로 산이 보였고 아침이면 새소리가 시끄러워 늦잠은 포기해야 했다.

  20일 머무는 동안 아들이 학위논문 쓰고 있는 세인트 앤드류스 대학에 갔었다. 당시에는 영국의 윌리엄 황태자가 그 학교에 다니고 있었고 스코틀랜드의 옥스퍼드라고 전통을 자랑하는 학교였다. 세계 최초로 지어진 골프장도 갔다. 무엇보다 즐겼던 것은 경매장이었다. 생전 처음으로 경매를 해 보았다. 운 좋으면 골동품 같은 좋은 물건을 헐값에 살 수 있다는 사실이 참으로 즐거웠다. 경매로 1,800년도 성경책 두 권을 건졌다. 아마도 성전의 제단에 펼쳐 놓았던 책인 것 같았다. 얼마나 크고 무거운지 크기만 보아도 200년 전, 그 시대 교회의 권위와 위상을 느낄 수 있는 성경책 이었다.

  그런데 어떻게 하다 그 귀한 책이 경매장까지 흘러나왔을까? 유럽 교회들이 문을 닫으니 성경책이 갈 곳을 잃었다는 생각이 들었다. 더불어 주님도 서실 곳을 잃은 것은 아닌지…가슴이 아팠다. 오, 주님!

영국, 이빨 빠진 호랑이

9월 25일, 원래 스케줄은 스코틀랜드에 있다가 비행기로 프랑스로 가서 홀로 관광을 하고 한국으로 들어갈 계획이었다. 그런데 큰아들 내외가 3박 4일 동안 런던 시내 관광을 시켜준다고 해서 스케줄에 없는 여행을 하게 되었다.

세인트 앤드류스에서 6시간 기차로 달려 런던에 도착했다. 역사와 전통을 자랑하는 런던, 그곳 사람들은 그들만의 자존감과 전통으로 인해 우월감에 젖어 있었고 상당히 권위적이었다. 주로 관광객을 상대로 사는 사람들이 많아서인지 물가는 모두 비쌌다. 대부분 불친절했으며 때로는 바가지 요금을 물리기도 했다. 며칠 동안 버킹검 궁과 웨스트민스터 사원을 둘러보고 마차로 시내 관광을 즐겼다.

　　떠나는 날은 주일이었다. 온 가족이 성바울 교회에 갔다. 그 교회는 세계에서 손꼽히는 오래된 교회다. 벽화며 조각들 모두 예술품들이었다. 한 블럭을 다 차지하는 웅장한 건물로 수많은 관광객의 발걸음은 끊이지 않고 몰려들었다.

　　모든 안내 위원들은 턱시도 차림으로 귀족적인 예배 분위기를 연출하고 있었다. 크고 멋진 파이프 오르간과 성가대 지휘자의 나풀거리는 흰 날개 뒷모습! 천상의 찬양을 연상케 했다. 그러나 내 눈에는 그 멋진 모습이 왜 은혜롭게 느껴지지 않을까! 대신 아련한 아픔이 되어 다가왔다. 천장은 고대 벽화와 조각들로 빈틈없이 정교한 작품으로 메우고 있었다. 정장에 나비넥타이를 한 소년들로 구성된 성가대는 아카펠라로 완벽한 천사들의 합창과 같은 환상적인 하모니를 이루었다. 관광객들을 만족시킬 만한 완벽한 공연이었다.

　　이러한 멋진 공연이 주님이 받으시는 참 예배가 될까! '주님, 여기에 계셔서 이 찬양을 받으십니까?' 그런데 갑자기 눈물이 흘렀다. 왜 이렇게 멋진 교회에 와서 나의 속 사람은 이다지도 아플까! 주님이 들어 가시지 못하고 밖에서 울고 계시는 교회 같았다. 이 거대한 성전의 주인이 과연 주님이세요? 왠지 모르지만 슬펐다.

> 슬프다 이 성이여 전에는 사람들이 많더니 이제는 어찌 그리 적막 하게 앉았는고 전에는 열국 중에 크던 자가 이제는 과부같이 되었 고 전에는 열방 중에 공주였던 자가 이제는 강제 노동을 하는 자가 되었도다(애 1:1)

> '주님! 종교적이요 전통과 형식만 남아있는 듯 보이는 이 거대한 교회에 성령의 불을 내리소서, 성령님 이곳을 버리지 마소서.'

> 아버지께 참되게 예배하는 자들은 영과 진리로 예배할 때가 오나 니 곧 이때라 아버지께서는 자기에게 이렇게 예배하는 자들을 찾 으시느니라 하나님은 영이시니 예배하는 자가 영과 진리로 예배 할지니라(요 4:23-24)

1부 예배를 마친 후 아들 가족은 세인트 앤드류스로 가는 기차 시간 때문에 먼저 떠났다. 나는 홀로 남아 영국에서 오후 4시 40분 유로스타 기차를 타고 바닷속으로 프랑스까지 가야 했다.

시간을 보내기 위해서 2부 예배를 또 드렸다. 소년들의 아름다운 찬양, 거룩한 성찬 예식, 헌금도 두 번 드렸다. 그런데 주책없이 계속 눈물이 흘렀다. 아니 속으로는 펑펑 울고 있었다. 가슴이 미어지는 아픔을 느꼈다. 과연 어느 누가 지금 내가 흘리는 이 눈물을 이해할 수 있을까! 아직 프랑스 가는 기차 시간까지는 4시간이나 남아 있었다. 어쩌나! 가장 큰 문제는 짐 가방이었다. 아침에는 아들 가족과 함께 왔으니 아무 문제없었다. 가방 하나는 어깨에 메었는데 핸드 캐리 가방과 큰 이민 가방이 골칫거리다. '까마득하게 수많은 계단을 어떻게 내려가야 한담.' 한참 고민하며 서 있을 때였다. "이 짐을 들어주는 것을 원하세요?"

Yes, 나는 고개를 끄덕이며 미안한 듯 웃었다. 내 덩치에 비해 너무 큰 가방이 부끄러웠다. 많은 여행객이 오가는 곳이니 흉은 안 되지만 혼자라는 것이 약간 쑥스러웠다. 젊은 남자는 양손에 짐을 번쩍 들고 많은 계단을 거침없이 들고 내려다 주고는 사람들 속으로 사라졌다. 얼마나 고마웠던지 몇 번씩이나 '땡큐'를 연발했다.

'아뿔싸, 화장실이 가고 싶은데 어쩌나?' 하기야 꼼짝하지 않고 예배를 두 번이나 드렸으니 그도 그럴 것이지. 화장실은 지하에 있었다. 그런데 나를 공포로 질리게 하는 계단이 또 있었다. 동양인 여자 둘이 입구에 서서 이야기를 나누고 있었다. 짐을 잠시 부탁하고 화장실을 갔다. 줄이 굉장히 길어서 시간이 꽤 걸렸다.

지하실은 말이 지하이지 빌딩 전체를 아주 훌륭하게 꾸며 놓았다. 매점도 있고 커피숍과 레스토랑에 선물 코너까지, 볼거리 먹거리가 많아 기차 시간까지 충분히 쉴 만한 곳이었다. 그런데 다시 내려가려면 계단이 있지 않은가! 옛날 건물이라 짐 가방 바퀴가 굴러갈 만한 곳은 어디에도 없었다.

계단을 내려다보며 한심하게 서 있는데 남자의 목소리가 들렸다.

"이 짐을 들어주는 것을 원하세요?"

고개를 들고 쳐다보았다. 순간 소름이 끼쳤다. Oh, My God!! 아까 그 남자였다! 땡큐를 연발하며 헤어진 후 많은 시간이 흘렀는데 어디서 나타났을까? 이번에도 두 가방을 양손에 들고 끝까지 내려다 준다. 나는 뭔가 그 사람과 이야기하고 싶었다. 얼굴도 더 자세히 보고 싶었다.

"당신은 분명히 천사입니다."

"그렇죠? 맞죠?"

그는 아무 말없이 싱긋이 웃었다. 그리고 말했다.

"당신이 다시 올라올 때에는 또 누군가가 도울 것입니다."

나는 악수를 청했다.

"GOD Bless you!"

세심한 배려로 늘 도우시는 주님의 자상한 손길을 느끼며 홀로라는 긴장감도 잊은 채 또 눈물이 흘렀다. '오! 하나님 아버지 정말 가까이에서 저의 앉고 일어섬을 다 보고 계시는군요.' 계속 질금질금 눈물을 훔치며 지하층을 둘러보았다. 가장 인상 깊었던 소년합창단원의 CD를 샀다. 지금도 내가 소장하고 있는 아끼는 CD 중 하나이다. 그리고 제일 멋진 식당에서 우아하게 식사를 했다. 혼자이지만 주님도 식탁에 함께 계신다고 생각하며, 제일 비싼 요리를 풀코스로 시켰다. 디저트로 아이스크림까지 싹싹 먹어 치웠다. 20유로, 미화로 40불이고 한국 돈으로 8만 원이 넘는 식사 비용을 행복하게 썼다.

매니저를 불렀다. 사정 이야기를 하고 택시 타는 곳까지 짐을 들어줄 사람을 부탁했다. 매니저는 흔쾌히 한 사람을 불러서 택시타는 곳까지 모셔다 드리라고 했다. 택시를 잡았다. 짐을 실어달라고 했더니 신경질을 내고 그냥 떠났다. 영국의 인심을 보여주는 것 같았다. 다음 번 택시가 왔다. 짐을 실어주고 문까지 열어주고… 주님이 무얼 말씀하시려고 이렇게 상반된 택시 기사를 보게 하시는 걸까? 택시요금도 천차만별이다. 기본요금이 2유로 20센트인데 아침에 교회 갈 때 태워준 택시는 이미 4유로 20에서 시작했고 2유로를 더 요구했다. 완전 바가지를 쓴 셈이다.

다시 오고 싶지 않은 런던이여, 안녕! 기독교 문명 아래 교육이 시작되어 하나님의 복을 많이 받은 나라, 대영 제국이란 칭호도 붙고, 세계의 으뜸이었던 영국이여! 너는 이제 노쇠한 늙은 이빨 빠진 호랑이 같구나. 왜냐하면 그 많은 화려한 성전들이 관광명소가 되어 위상만 뽐내며 예배는 형식과 프로그램만 남아 있기 때문이었다. 그러니 교회 강대에 권위 있게 장식된 성경이 경매에 나오지!

프랑스 가는 기차는 국경을 넘나드는 기차였다. 나는 일반 기차처럼 생각하고 타기만 하면 되는 줄로 알았다. 그런데 국제선 비행기 수속하는 것과 같지 않은가! 모든 짐 가방을 올리고 내리고, 카메라를 통과해야 하는 수고가 무척 번거로웠다. '이거 또 큰일 났네!' 그러나 나와 동행하시는 주님께서는 언제나 사람을 준비시켜 주셨다. 짐 가방을 내리고 올릴 때마다 기차를 타고 내릴 때마다 내 손이 미처 짐 가방에 닿기 전에 누군가 곁에서 번번이 짐 가방들을 번쩍 들어주었다.

기차는 생각보다 빨랐고, 런던에서 지상으로 30분 정도 가다가 바닷속으로 들어갔다. 캄캄한 터널 속을 끝없이 달렸다. 나는 차창 밖으로 바닷물이 보이고 물고기들을 볼 수 있을 줄 기대했었다. 얼마나 무지했던가! 예전에 남미 어딘가에 가서 잠수함을 탔던 적이 있었다. 그때 창밖에 고기떼들이 노는 것을 보았기 때문에 이번에도 그런 낭만이 있는 줄 알고 기차를 탔다.

파리, 초라한 센 강

파리역은 지저분하고 소변 냄새까지 더했다. 오랜 역사를 증명하듯 사람들이 다닌 발자국 때문에 돌계단은 이미 패일 정도로 달았다. 작은 아들 댄이 엄마의 초행길이 염려되어 파리에 유학 중인 친구 주연이를 역전에 보내 주었다. 우리는 예약해 놓은 한국 사람이 운영하는 민박집을 찾았다. 한국 사람 집에 머물고 있으면 파리를 소개받을 수 있고 관광뿐 아니라 교포들의 삶을 보며 여러 가지로 배울 게 있을 줄 기대했었다.

    지하철을 타고 택시를 타며 어렵게 찾아간 집은 컴컴하고 후미진 뒷골목에 있었다. 너무도 놀라웠다. 코드를 누르니 녹슨 철문이 열리고, 건물 안에 여러 세대가 살고 있었다. 주인 아줌마의 얼굴은 삶에 찌들어 거칠어져 있었다. 더 놀란 것은 침실을 보여 주는데 더블 침대와 이층 침대가 세로로 놓여 있고 꾀죄죄한 베개와 이불이 깔려 있었다. 화장실은 부엌을 지나 한참 가야 했고, 샤워장도 여자, 남자 나누어 사용하는 공동 샤워장인데 더럽기가 이루 말할 수 없었다.

집주인에게 미안하다고 인사를 하고 짐 보따리를 끌고 나왔으나 갈 곳은 막연했다. 길가 벤치에 앉아 미국에 있는 작은아들 다니엘에게 전화를 걸어 급히 호텔을 찾아보라고 했다. 방을 구하기가 매우 어려웠다고 하며 겨우 호텔을 찾았는데 하루에 113유로라고 했다. 한국 돈으로 40만 원이 훨씬 넘는 돈이었다. 택시를 타고 알려준 주소로 달려갔다. 방과 샤워장이 겨우 내 작은 몸 하나 들어갈 정도였다. 아! 이곳이 그 유명한 파리던가! 그래도 베개와 침대 시트는 깨끗했다. 내일 일정을 생각하며 방을 주신 아버지께 감사기도를 드렸다.

'아침에는 큰아들과 함께 영국 런던 교회에서 예배를 드렸고, 저녁에는 프랑스 파리, 참 좋은 세상이네.' 이 넓고 넓은 세상에 점 같은 내 존재를 주님은 이토록 사랑해 주시고 귀히 여기시다니….

2005년 9월 26일, 오후 2시부터 단체 관광을 시작했다. 미국 사람들과 팀이 되어 시내 관광에 나섰다. 노트르담 사원과 에펠탑을 돌아보았다. 조상을 잘 만나 갈수록 편히 잘 사는 유럽 사람들이 부러웠다. 상점들은 5시에서 6시가 되면 문들을 닫는다. 열심히 일들을 안 한다. 프랑스 파리는 상상했던 화려한 도시가 아니라 오히려 늙고 낡은 것들을 자랑스러워 하는 도시이다. 센 강! 한강보다 형편없는 그곳이 세계에서 낭만과 멋스러움의 대명사처럼 된 것은 그곳에서 시가 나오고, 그림이 나오고, 문학과 예술이 있기 때문이었다.

단체관광을 끝내고, 샹젤리제 거리를 걷기 시작했다. 에펠탑은 저녁 시간이면 1시간마다 10분씩 보석처럼 반짝거린다. 황홀할 정도로 아름답다. 호텔이 그쪽이라 무조건 걸었다. 호텔은 좁디 좁은 방이지만 잘 정돈되어 있었다. 무슨 3스타 호텔이 샤워 룸에 물이 빠지지 않아 발목까지 물에 잠긴 채 샤워를 해야 하는지… 그래도 감사하며 주님이 주신 휴가이니 마음껏 즐겨야겠다.

2005년 9월 27일, 그동안 많은 일이 일어났고, 어려움 속에서도 홀로이지만, 혼자가 아님을 알려주신 아버지께 다시 감사드린다. 너무 피로가 겹쳤는지 침을 삼키지 못할 정도로 목이 아팠다. 아무도 없는데 열나고 아프면 어쩌지? 목을 잡고 '주님! 저 지금 아프면 안 돼요.'

계속 기도했다. 여행 중이다 보니 정식으로 기도도 오래 못했다. 걸으면서 기도하고, 관광하며 기도하고, 자려고 누워서 기도하고, 잠결에 돌아눕다가 "주님!" 부르고 이것이 전부다. 밤새 그렇게 했다. 아침 8시에 관광 시작인데, 피곤하면 안되는데, 아프면 안 되는데…. '주님! 주님! 여기까지 와서 아프면 정말 힘들 것 같아요. 감기야! 떠나가라! 목 아픈 증상아 떠나가라!' 자다가 잠결에도 부은 목을 잡고 선포하며 명령했다. 내 몸은 주인인 내 말을 듣게 되어 있음을 나는 잘 안다.

'할렐루야!' 아침이 되니 컨디션이 좋았다. 목도 말끔히 나았다. 오늘은 베르사유 궁전에 가는 날이다. 그동안 매일 내던 방값을 29일까지 한꺼번에 계산하려고 안내 데스크로 갔다. 그런데 웬일? 다른 사람에게 방이 팔렸다고 당장 짐을 싸라고 했다. 그런 법이 어디 있는가? 항의했으나 하루하루 방값을 계산했기 때문에 다른 사람이 먼저 값을 지불했다는 것이다. 어떻게 얻은 방인데… 화가 났다. 그렇지만 할 수 없이 올라가서 짐을 싸서 내려왔다. 호텔 창고에 짐들을 맡기고 관광을 떠났다. 당장 오늘 밤 잘 곳이 없는데 배짱도 좋다.

화가 변해 복이 되다

베르사유 궁전은 정말 아름다웠다. 화려함과 웅장함에 아름다움까지, 세상에서 최고 좋은 것은 다 갖추고 있는 듯하였다. 그 와중에 제일 먼저 생각난 것은 하늘나라였다. "하나님 아버지, 왕 중의 왕이신 당신이 계신 궁전은 이보다 훨씬 비교할 수 없을 정도로 아름답겠지요? 이보다 더한 아름다움은 어떤 것일지 상상이 안가네요."

와!~~왕비의 침실은 내가 꿈꾸고 갖고 싶은 바로 그런 것들로 치장되어 있었다.

"아버지 나라의 제 집은 이것보다 훨씬 더 좋지요?" 이 땅에서 살던 궁전의 옛 주인들, 이 좋은 것들을 하나도 못가져 갔을 텐데 하늘나라에 가서는 어떤 집에 살까? 나는 흥분하며 진귀한 보물을 구경하듯 둘러보았다. 또한, 잘 가꿔진 궁전의 뒤뜰을 보고는 저절로 감탄이 나왔다. 세~상에!!!

'하나님 아버지, 내가 영원히 살 그곳, 하늘나라 소망으로 제 가슴은 너무나 벅찹니다. 내 집은 이 궁전보다 훨씬 더 좋을 거라는 믿음을 주셔서 감사합니다.'

아이고~~ 그런 생각에 푹 빠져 이것저것 둘러보다가 함께 관광하던 미국인 부부 두 쌍을 잃어버렸다. 만나기로 한 주차장으로 갔으나 여의도 광장보다 더 넓은 주차장에 똑같은 차들이 셀 수 없이 많아 도저히 찾을 수가 없었다.

'어쩌지…. 오늘은 왜 이래요? 아버지, 저 어떻게 해요?'

길 잃은 고아가 되었다. 눈물이 나려 하고 진땀이 났다. 호텔에서는 쫓겨나서 잠잘 곳도 없고 일행은 다 잃어버렸으니 세상에 이런 모자란 사람 다 보았나! 그러나 '나는 내 아버지, 그분의 공주야!'

"하나님 아버지, 무엇으로 더 좋은 것을 주시렵니까? 저에게 천사를 보내 주세요."

솔직히 미국 할머니, 할아버지들과 여행하는 것 하나도 재미없었다. 걸음도 잘 못 걸어 상당히 답답했었다. 이러다가 프랑스를 떠나면, 요 며칠 동안 돈만 쓰고 고생한 것이 너무 억울할 것 같은 생각도 들었었다.

'그나저나 길도 모르는데 오늘 저녁은 어디서 해결해야 하지?' 아무것도 할 수 있는 것이 없어서 서성거리며 방언으로 기도하기 시작했 다. 10분쯤 후, 뒤에서 두런두런 한국말이 들렸다. 한국 남자 둘이 있었다. 가이드 같았다. 나는 상황을 설명하며 도와줄 수 있느냐고 물었다. 한 사람은 안 된다며 그냥 갔다. 또 한 사람은 신혼부부 두 쌍을 안내하고 있는데 딱 한 자리가 남았으니 그들에게 양해를 구해보겠노라고 했다.

50유로를 주기로 하고 그 일행들과 동행했다. 오랜만에 한국말을 시원하게 하고 한국 음식을 먹고 나니 살 것 같았다. 그런데 오늘 밤은 어디서 자야 하지? 이상하게 이렇게 난감한 가운데 걱정이 하나도 안

되었다. 가이드가 여기저기 전화를 하며 방을 알아보았다. 하나님께서 천사를 보내주셔서 기적이 일어났다. 노보텔이란 호텔을 하룻밤 83유로에 방을 예약했다. 가이드가 친절하게 짐 찾는 것까지 도와주고 새로 얻은 호텔까지 데려다 주었다.

113유로 호텔이 그렇게 형편이 없었는데 이것은 오죽하랴, 각오를 단단히 했다. 그래도 방을 주신 하나님께 감사했다. 그런데 웬걸 들어가는 현관부터 삐까번쩍! 유럽에도 이렇게 멋진 호텔이 있다니 모두 골동품 같은 줄만 알았는데….

안내 데스크로 갔다. 하룻밤 180유로라고 쓰여 있었다. 하루에 70만 원이 넘는 방이었다. 어떻게 반값도 안 되는 83유로에 들어갈 수 있었는지 지금 생각해도 믿기 어렵다. 방은 넓고, 현대식이었다. 혼자 자기가 아까울 정도였다. '아냐, 성령께서 함께 계시지.' 먼저 감사로 기도를 올렸다. 이제 두 밤 자면 떠난다. 하나님 아버지께서는 언제나 가장 좋은 것으로 주셨다. 오늘 행하신 한순간 한순간의 각본들이 너무나 신기했다.

우와~ 목욕탕도 참으로 크고 어마어마하게 좋았다. 수도꼭지도 처음 보는 것들이라 물을 틀 줄 몰라 한참 애를 먹었다. 겨우 따끈하게 물을 받아 쟈쿠치 탕에 들어가 눈을 감고 주님을 찬양했다. "아~시원하다! 온몸이 사르르 녹는 것 같았다. '주님 정말 저에게 잘해 주시네요. 어제 있었던 호텔과는 비교가 안 되네요. 쫓겨나게 해 주셔서 너무 너무 감사합니다.' 탕 안에서 부르는 찬양은 공명이 되어 더욱 아름답게 귓전을 울렸다.

하나님은 우리의 피난처가 되시며

환난 중에 우리의 힘과 도움이시라

너희는 가만히 있어 주가 하나님 됨을 알지어다

열방과 세계 가운데 주가 높임을 받으리라

사랑합니다! 내 아버지

찬양합니다! 내 온 맘 다하여

선포합니다 예수 그리스도! 주님 오심을 기다리며

2005년 9월 28일, 드디어 파리에서의 마지막 날이다. 마지막으로 미술관을 돌아보고 오후에는 혼자서 루브르 박물관을 둘러봤다. 오전에 돌아본 미술관은 감명 깊었다. 학교에서 배우고 듣기만 했던 고흐, 고갱, 르누아르, 밀레의 작품 등등, 세계의 걸작인 진품들을 볼 수 있었다.

그리고 오후에는 나폴레옹이 살던 집을 보았다. 그 화려함과 사치스러움의 극치는 베르사유 궁전에 뒤지지 않았다. 천하의 권세를 다 갖고 호령하며 온갖 부귀를 누렸던 나폴레옹! 그도 지금은 한 줌의 흙으로 돌아갔다. 이렇게 아름다운 궁전을 두고 아무것도 가져간 것이 없겠지.

> 인생은 그날이 풀과 같으며 그 영화가 들의 꽃과 같도다 그것은 바람이 지나가면 없어지나니 그 있던 자리도 다시 알지 못하거니와 여호와의 인자하심은 자기를 경외하는 자에게 영원

부터 영원까지 이르며 그의 의는 자손의 자손에게 이르리니 곧
그의 언약을 지키고 그의 법도를 기억하여 행하는 자에게로다
(시 103:15-18)

제8장

일상의 기적을
체험하라

단순한 기도

단순한 기도는 성경에 가장 많이 나오는 기도이다. 본 장에서는 일상적인 삶 속에서 체험된 기이한 일들과 성령께서 행하신 초자연적인 기도 응답들을 진솔하게 증언할 것이다. 하나님께서는 나의 기도 삶 가운데 여러 번 광풍처럼 찾아 주셨고, 새로운 성령의 기름 부음으로 성령께서 행하신 잊을 수 없었던 순간들을 그때마다 기록하게 하셨다. 만일 그때 기록하지 않았더라면 귀한 간증 거리가 하나도 남아 있지 않았을 것이다.

또한 내가 간증하지 않고 가만히 있었다면, 사람들은 하나님이 내 삶에 어떤 일을 하셨는지 아무도 모를 것이다. 그리 되었다면 나는 하나님이 받으실 영광을 가로챌 뻔하지 않았겠는가! 그리고 나의 간증을 꼭 들어야 하는 사람들에게는 하나님께서 주실 은혜의 기회를 막을 뻔하지 않았겠는가! 그러므로 큰일이든, 작은 일이든 하나님께 기도 응답을 받은 것이 있다면 증거하라. 우리의 삶에 일상적이고 평범하며 다양한 생활 속에서 일어나는 어떤 일이든지 기도하고 응답 받은 것이 있다면 감사함으로 기록하라.

하나님은 우리의 승리를 확인시켜 주는 방법으로 간증을 사용하신다. 간증은 우리의 승리만 기억나게 해줄 뿐 아니라 영적 전쟁에 실패한 사탄의 패배도 기억하게 한다. 만일 당신의 신앙생활이 지루해지고 감격과 감사가 사라지고 있다면, 간증이 말라가고 있나 살펴보아라.

요즈음 교회들은 간증의 가뭄을 겪고 있다. 이 같은 때에는 하나님께서 행한 일들을 증거하는 체험자의 간증이 절실히 필요하다. 간증은 신학교에서 배워서 얻어지는 것이 아니고, 공부를 많이해서 좋은 학위를 가졌다고 해서 할 수 있는 것이 아니다. 간증은 불같은 시험을 통과한 사람이 할 수 있는 것이기 때문에 어떤 학위보다 값진 것이다. 하나님을 만나지 못한 사람들에게 죽음의 골짜기를 하나님 은혜로 통과한 후에 하는 간증만큼 은혜가 되고 도전을 주는 것은 없다. 그러므로 간증은 성경 다음으로 여러분의 가슴에 도전과 불을 지필 것이다.

성경이 사람을 변화시킬 수 있는 이유는 예수님을 만난 사람마다 변화된 간증이 있기 때문이다. 당신이 많은 간증을 갖고 싶다면 오랜 시간 예수님과 동행하며 시간을 보내라. 원수 사탄은 간증을 못하게 하기 위해 기도 응답을 받지 못하도록 혈안이 되어 있다.

예를 들자면 사람들은 기도하다가 지금 내가 기도하는 동기가 과연 순수하고 올바른가? 라는 생각을 할 때가 있다. 그리고 내 기도가 많은 부분에 자기중심적인 기도였다는 것을 깨닫게 된다. 그리고 주님이 이런 수준의 기도에 과연 응답해주실까? 의심과 불안이 밀려온다. 그런 생각을 하다 보면 기도는 하지만 응답해 주실 거라는 자신감이 없어진다. 이런 현상에 관해 세계적인 영성가 리처드 포스터는 그분의 저서 『기도』에서 이것이 곧 사탄이 우리 기도를 방해하는 전략이라고 말하고 있다. 그리고 그러한 속임수에 넘어가지 말라고 당부하고 있다.

하나님께서는 무엇이든지 구하라고 하셨다. 우리가 비록 고상한 기도를 드리지 못할지라도, 이기적이고 편협한 기도를 할지라도, 은혜스러운 삶을 살아가지 못할지라도, 감사함으로 아버지를 부르며 예수님의 이름으로 나아가라!

이스라엘 백성이 광야를 통과하며 목마를 때 물을 구했고, 고기를 먹고 싶을 때 고기를 구했다. 어린아이처럼 단순해져라!

> 아무것도 염려하지 말고 다만 모든 일에 기도와 간구로 너희 구할 것을 감사함으로 하나님께 아뢰라(빌 4:6, 7)

자연스럽게 매일 생활에서 일어나는 사건들을 솔직하고 단순하게 하나님께 가지고 나가라. 때때로 밤잠을 못 잘 정도로 억울하고, 분하고, 두려움으로 고통스러운 밤을 지새울 때가 있다면 그때가 하나님 아버지를 만날 때이다.

"하나님 왜 하필 접니까?"

"왜 제가 이런 일을 당해야 합니까?"라는 기도를 해도 된다. 하나님 마음에 합당한 사람인 다윗도 이런 기도를 하였다.

> 어찌하여 나를 잊으셨나이까 내가 어찌하여 원수의 압제로 말미암아 슬프게 다니나이까(시 42:9)

우리의 일상적인 기도는 하나님께 꾸밈이 없어야 한다. 좋은 것, 나쁜 것, 여러 가지 해결되지 않은 죄의 문제 등, 모든 것을 가식 없이 고백하라. 그래야 일상적인 기적을 체험하고, 간증으로 주님께 영광의 박수를 드릴 수 있다.

> 하나님, 하나님 나를 구원해 주십시오. 목이 타도록 부르짖다가 이 몸은 지쳤습니다. 눈이 빠지도록, 나는 나의 하나님을 기다렸습니다(시 69:1, 3)

우리가 영적으로 점차 성숙해간다면 기도하는 목적이 당신이 원하는 바를 하나님이 이루어 주시도록 하는 데 있는 것이 아니라, 하나님이 원하는 것이 무엇인지, 아버지의 뜻이 어디 있는지 알고자 하는 방향으로 자연스럽게 바뀌게 된다. 그러므로 성숙한 기도의 삶을 살지 못한다고 하여 주눅 들지 말고 무엇이든지 담대하게 구하라.

말씀 붙들고 드린 기도

가장 강력한 기도는 하나님의 약속된 말씀과 연결되어 있다. 기도할 때 하나님의 말씀을 제시하라. 하나님의 말씀을 붙들고 기도하는 사람은 거룩한 자신감을 갖고 담대하게 기도할 수 있다. 우리가 하나님 말씀에 굳게 서 있다면 하나님도 그분의 말씀을 굳게 지키신다. 그렇다고 뜬금없는 말씀을 약속의 말씀으로 오인하지 말라. 때에 맞는 말씀을 의지하여 기도하려면 말씀을 많이 읽고 암송하는 것이 중요하다.

잃어버린 지갑

오래전 이야기이다. 하나님께서는 나에게 특별하게 단순한 성품을 주셔서 단순하게 믿음으로 드린 기도가 기적을 불러온 적이 있었다.

남편은 유명 기업의 국제부에 근무함으로 외국 출장이 잦았다. 어느 때는 장기적으로 해외 현장 일을 할 때도 있었다. 한 번은 남편이 귀국할 날이 다가오자 전화가 왔다. 이번에 도착하면 곧장 제주도에 가서 조금 쉬고 싶으니 준비하라고 했다. 나는 집에 있는 돈을 몽땅 들고 제주도로 여행을 떠났다. 일주일 동안 호화판으로 쓰다 보니 가져간 돈을 모두 써 버렸다. 주일날 십일조를 드려야 되는데 이번 달은 드릴 수가 없게 되었다.

일주일 만에 집에 왔는데 몸이 으슬으슬 춥고 열이 펄펄 나기 시작했다. 아기 낳을 때 외에 병원 입원은 처음이었다. 3일 후 퇴원해서 집에 왔더니 또 두 아이 모두 열이 펄펄 나며 앓고 있었다. 나의 몸은 아직 다 회복된 상태가 아니었다. 심신은 피곤했지만, 아이들이 아프니 데리고 자야겠다고 생각하며 불을 끄고 누웠다.

'하나님 아버지! 참, 피곤하네요. 젊은 제가 이만큼 믿으면 잘 믿는 것 아니겠어요?

작은 소리로 중얼거리고 있을 때였다. 순간 내 이마에 점자가 따다닥 새겨지는 것이 아닌가! 이마에 글자가 새겨지다니… 그것도 자다가 꿈 꾼 것도 아니고 생시였다. 다니엘서 5:5 벨사살 왕 때에 연회를 베푸는 중 손가락이 나타나 벽에 글씨를 쓴 사건은 있다

내 입에서 순간적으로 말라기 3장 10절이라는 말이 튀어나왔다. 옆에 남편이 자다가 놀라며 "뭐?"

"아냐, 아무것도……."

아이들이 깰까봐 불을 못 켜고 다음 날 일어나자마자 성경을 찾았다.

> 만군의 여호와가 이르노라 너희의 온전한 십일조를 창고에 들여 나의 집에 양식이 있게 하고 그것으로 나를 시험하여 내가 하늘 문을 열고 너희에게 복을 쌓을 곳이 없도록 붓지 아니하나 보라
> (말 3:10)

말라기에 십일조에 관한 말씀이 있는 줄은 알았다. 그러나 몇 장 몇 절에 있는 줄은 몰랐었다. 진심으로 십일조를 다 써버린 것을 회개하였다. 그러나 입원비며, 아이들 병원비며 십일조의 갑절은 더 지출되었다. 이후부터 십일조만큼은 세금이나 그 외 경비 나가는 것을 따지지 않고 후히 드렸다. 신실하신 하나님 아버지는 약속대로 나의 인생길에 결코 재정의 어려움이 없게 하셨다.

자려고 누워 있다가 이마에 점자가 쓰이는 신기한 일이 있고 난 뒤 6개월 정도 지났다. 큰아들 승철이가 6세, 작은아들 승욱이가 3세 때 이야기다. 어느 토요일, 아이들을 즐겁게 해 주고 싶은 마음에 〈배트맨〉이란 영화를 온 가족이 보러 갔다.

영화가 끝나고 집에 왔는데, 분명히 기저귀 가방에 넣어둔 지갑이 아무리 찾아도 없었다.

큰일 났다! 어제 월급봉투를 남편에게서 받았고, 집에는 십일조와 도우미 언니 월급만 떼어놓았었다. 지갑에는 월요일 은행 가서 입금할 생활비가 모두 있었다. 관리비 고지서와 남편이 다음 주 프랑스 출장 갈 비자 서류, 인감증명, 도장까지 중요한 많은 것이 들어있었다.

나는 즉시 도우미 언니와 함께 주님이 주신 말씀을 붙들고 기도하기 시작했다.

"하나님 아버지! 큰일 났습니다. 지갑을 잃어버렸습니다. 누가 훔쳐 갔는지 내가 어디 떨어뜨렸는지조차 모릅니다. 그러나 주님은 전능하신 하나님 아버지이잖아요. 모르시는게 없으시잖아요. 아버지는 지갑이 어디에 있으며, 누가 가졌는지 아시잖아요. 나는 말라기 3장 10절 말씀을 신실하게 지켰습니다. 11절에는 열매가 기한 전에 떨어지지 않게 해 주신다고 했잖아요." 신기하게 주님께서 친히 이마에 점자로 써 주신 말라기 3장 10절 말씀이 그대로 믿어졌고, 전혀 염려가 되지 않았다.

그리고 다음 날 교회에 갔다. 십일조 봉투를 들고 단순하게 기도했다. "하나님 아버지! 집에 있는 돈은 이것이 전부입니다. 이 돈은 아버지 것이니 아버지가 받아 주시고, 제 돈은 찾아 주실 줄 믿습니다. 저는 말라기 3장 10절 말씀을 신실하게 지켰습니다. 열매가 기한 전에 떨어지지 않게 해 주신다고 말씀하셨습니다." 놀랍게도 기도할 때마다 마음에 확신과 기쁨이 왔다.

월요일에 남편은 회사에 제출할 인감도장, 인감증명 서류를 다시 만들기 위해 점심시간에 오겠다며 출근하였다. 나는 출근하는 남편의 뒤에서 소리쳤다. "걱정하지 마세요, 지갑은 분명 하나님이 찾아 주실 거예요."

> 그러므로 내가 너희에게 말하노니 무엇이든지 기도하고 구하는 것은 받은 줄로 믿으라 그리하면 너희에게 그대로 되리라(막 11:24)

나는 약속된 하나님 말씀이 단순하게 믿어졌기에 그대로 선포한 것뿐이었고, 남편은 한심한 여자라는 눈빛으로 흘끗 쳐다보고는 말없이 출근을 하였다. 남편은 점심시간이 되어 뭘 좀 먹고 동회(주민센터)에 가겠다며 집에 들렸다. 시간이 없다기에 부랴 부랴 라면을 끓였다. 수저도 들기 전에 벨이 울렸다.

"띵동"

그 소리는 마치 내 귀에 '지갑 왔다!'라는 소리로 들렸다. 나는 "지갑 왔다!!" 소리치며 뛰어나갔다. 어떤 아줌마가 손에 주민등록증을 들고 내 이름을 부르며 이 댁이 맞느냐고 했다. "네, 맞아요. 그런데 이것 밖에?" 나는 그분이 주민등록증만 주워서 찾아온 줄 알고 근심 섞인 표정으로 물었다.

"다~ 있어요."

"어머나, 세상에! 잠시 들어오세요."

남편에게 지갑 안에 들어있던 서류와 인감도장을 꺼내주며 "봐, 하나님이 찾아주셨잖아요." 서류를 받아 들고 가면서 남편은 한마디 했다. "당신, 자꾸 뭐 알아맞히는 게 무섭다."

아줌마는 이렇게 말했다. "영화가 끝나고 사람들이 쏟아져 밀려 나오고 있었어요. 바닥에 지갑이 눈에 띄어서 주웠지요. 지갑을 열어보니 돈이 많이 들어서 잘 사는 사람의 지갑이라는 생각이 들었어요. 처음에는 웬 횡재! 하고 그냥 가지려 했지요. 그런데 자려고 누웠는데 '나, 세상에 태어나서 좋은 일 한 번 해 보자!'라는 생각이 너무도 강하게 들었어요. 그 생각 때문에 밤새 한잠도 못 잤어요. 주인에게 지갑을 꼭 찾아주어야 한다는 마음이 점점 더 불일 듯 일어났어요. 꼭 내 손으로 직접 전해주고 싶다는 생각이 들었지요. 우리 집은 불광동을 지나서 녹번동이에요. 성산동이 어디 붙었는지도 몰랐어요. 물어 물어 버스를 여러 번 갈아타고 2시간이나 걸려서 왔어요." '세상에 이럴 수가! 하나님! 아버지가 하셨군요!' 나는 아줌마에게 물어봤다.

"예수님 믿으세요? 제가 많이 기도했습니다." 유감스럽게도 아줌마는 "아니오."라고 하였다.

나는 복음을 전했다. 그리고 사례로 있던 돈의 1/3을 주겠다고 하였다. 아줌마는 정색하며 "솔직히 저에게 이런 마음이 들은 건 생전 처음이어요. 절대로 돈을 받을 수 없어요." 손을 내저으며 극구 사양하던 아줌마는 그냥 돌아갔다.

"하나님 아버지! 제 기도를 들어 주셔서 정말 감사하고 행복합니다. 잃었던 돈을 모두 찾은 것도 너무 감사하지만 돈보다 귀한 기도 응답을 받은 것이 더욱 기쁩니다. 이 일을 통해 십일조에 관해 확실한 믿음을 갖게 되었습니다. 제 이마에 말라기 3:10이라고 써 주신 분이 하나님이심을 확신합니다! 이 돈은 저 아줌마, 하나님 아버지, 나, 이렇게 셋이 나누려 했는데 아줌마는 그냥 갔으니 이제 우리끼리 나눠야겠어요. 아버지, 어떻게 사용하길 원하세요?"

기도하는데 갑자기 결혼 전부터 잘 알던 요가협회 황영석 회장이 생각났다. 잠시 그분을 소개하겠다. 결혼 후 7년만에 소식을 들으니 황 회장이 불치병으로 죽게 되었다는 것이었다. 어느 날 성령님의 감동을 받고 황 회장 집을 찾아갔다. 오랜 병 치다꺼리하느라 가세는 형편 없이 기울어졌다. 나는 큰아들 승철이 간증을 하며 복음을 전했다. 하나님께서는 이미 그를 택하셨고, 부르시려고 나를 보내신 것이었다.

황 회장은 절을 섬기는 습관으로 다음날 새벽기도부터 목욕 재개하고 교회에 나가기 시작하였다. 얼마 지나지 않아 성령 체험을 하고 병도 깨끗이 나았다. 그리고 남은 생명은 덤이니 하나님께 드리겠다며 45세에 신대원에 들어갔다. 내가 전도했으니 딴에는 힘껏 후원한다고 했지만, 상당히 어려웠을 것이다. 황 회장은 사는 집 월세 내기에도 버거운 형편이 되었다. 그러나 주님께서는 그분들을 위해 이미 집을 예비해 놓으셨다. 시어머님의 병환으로 시부모님을 우리 집으로 모시고 오며 시댁 집을 비우게 되었다. 황 회장은 그때부터 시부모님 집에 들어와 살면서 신학교를 다니기 시작하였다. 하지만 집만 있다하여 모든 것이 해결되는 것은 아니었을 것이다.

"아, 참! 하나님, 한동안 제가 못 찾아갔네요. 죄송합니다, 지금 당장 가겠어요."

나는 황 전도사를 찾아가서 주께서 하신 일을 간증하고 돈을 전달해 드렸다.

그분은 울면서 말했다.

"숙제하려면 주석 책이 필요한데 하나님! 책 좀 사게 해 주세요. 더 이상 평택까지 고속버스 타고 친구 목사님께 책 빌리러 다니지 않게 해 주세요." 간절히 기도했다고 하였다.

> 하나님을 사랑하는 자 곧 그의 뜻대로 부르심을 입은 자들에게는 모든 것이 협력하여 선을 이루느니라 (롬 8:28)

또 잃어버린 지갑

하나님은 내게 중요한 일을 가르치고자 하는 문제가 있으면 동일한 경험을 반복하게 하신다. 잃었던 지갑을 찾은 지 3개월 후, 시어머님이 많이 편찮으셔서 병원에 입원해 계셨다. 문병을 가려고 차고에서 차를 꺼냈는데 전날 비를 맞은 차는 너무나 더러웠다. 집 앞에 차를 세워놓고 트렁크에서 긴 걸레를 꺼냈다. 지난번 잃어버렸다 찾은 지갑의 끈을 손목에 걸고 닦기 시작했다. 닦다 보니 지갑이 팔목에서 왔다 갔다, 덜렁덜렁, 여간 귀찮은 게 아니었다. 손목에서 지갑을 뺀 후 차 지붕

위에 지갑을 올려놓고 열심히 닦았다. 그리고 트렁크에 걸레를 집어넣은 다음 그대로 출발하였다. 큰길로 한참 나와 교차로 신호에 섰다. 그때, "아, 참~~ 지갑!!!" 얼른 내려 차 지붕을 봤다.

없다! 다시 차를 돌려 길바닥만 내려다보며 왔던 길을 되돌아 차를 몰았다. 집에까지 갔으나 지갑은 보이지 않았다. 나는 도우미 언니를 또 불렀다. "정희야, 너 지난번에 지갑 잃어버렸을 때 우리가 기도했고 하나님이 찾아주신 거 기억하지?" "네!" "우리 기도 해야겠어. 또 잃어버렸어!" 함께 방에 들어가 무릎을 꿇고 앉았다.

"아이고, 하나님 아버지! 어제나 오늘이나 동일하신 아버지여~ 동일한 사건이 또 일어났습니다." 말라기 3장 10절 말씀을 또 붙잡았다. 이번에 다시 찾아 주시면 지난번 찾아 주신 것이 우연이란 생각을 결단코 아무도 할 수 없을 것입니다. 동일하게 역사하여 주십시오. 십일조를 신실하게 드렸는데 열매가 기한 전에 떨어지면 안됩니다."

기도하면서도 주님께 너무나 면목이 없었다. "오! 하나님 아버지여, 나의 불찰을 용서해주세요." 신기하게 상황이 지난번과 너무 똑같았다. 그날도 토요일이었다. 어제 받은 월급봉투에는 십일조와 도우미 언니 월급만 제하고는 모든 돈과 공과금 고지서가 다 들어 있었다. 가는 길에 은행에 들러 공과금을 내고 예금하려던 참이었다.

다음날 주일 교회에 갔다. 십일조 봉투를 양손으로 감싸 잡았다. "하나님 아버지, 죄송합니다. 이 돈은 아버지 것입니다. 아버지 것은 아버지가 받으시고 제 것은 아버지가 찾아 주실 줄 믿습니다. 예수님 이름으로 기도합니다. 아멘."

이번에는 남편에게 말하지 못했다. 이렇게 자주 돈을 잃어버린다면 '이 여자 어디 믿고 돈 맡기겠나' 할 것 같아 두려웠다. 교회를 다녀온 후 남편은 낮잠을 자고, 나는 목욕탕에서 아이들을 씻기고 있었다. 그 때 벨이 딩동~ 신기하게 이번에도 내 귀에는 '지갑 왔다~'는 말처럼 들렸다. 얼른 문을 열고 도우미 언니를 불렀다.

"정희야, 지갑 왔어! 빨리 나가봐"

쉬~ 남편이 깰까 봐 손가락을 입에 대었다. 정희는 조용한 목소리로 "아줌마를 찾으시는데요." 바삐 물기를 닦고 뛰어나가니 할머니 한 분이 서 계셨다. 그 할머니 말이 정말 웃겼다. 다짜고짜 하는 말이 "아저씨는 모르시죠?" '세상에~ 이건 또 뭐야! 어떻게 된 거지…' "네~ 어서 들어오세요." 우리는 발소리를 죽이고 거실에 앉았다. 할머니는 다음과 같은 말을 했다.

"내가 낮잠을 자고 있었어요. 꿈에 하얀 할아버지가 나타났어요. 그리고는 '큰길로 나가봐라' 하더라고요. 큰길에는 길 가운데 어떤 물체가 있고, 양쪽으로 차가 씽씽 달리고 있었어요. 잠시 후 양쪽에 모두 차가 안 오기에 가 보았더니 이 지갑이지 뭐예요. 주워서 집에 와 보니 얼마나 돈이 많이 들었던지 가슴이 막 두근거렸어요. 지갑을 이불 밑에 감추었지요. 마침 아들이 관광버스 기사라 어젯밤에 안 들어오고 오늘 아침에 왔기에 꿈 이야기를 하고 돈을 보여 주었어요. 아들은 밥 먹다 말고 전기요금 고지서 주소를 보고는 집을 가르쳐 주며 빨리 주인 갖다 주고 오라고 했어요."

쉽게 믿을 수 없는 사건이 연이어 일어났다. 나는 할머니에게 사례를 하겠다고 했다. 그분은 정말 가난한 생활을 하는 듯 보였다. 할머니는 사례는 받지 않겠다고 하면서 대신 손녀 취직 좀 시켜 달라고 했다. 나는 다시 하나님께 여쭈었다. "하나님 반, 저 반 가져요. 어떻게 할까요?"

주님은 동일하게 또 황 전도사님을 떠오르게 하셨다. 나는 즉시 달려갔다. 또 간증을 하며 주님이 주시는 것이라고 전달해 드렸다. 그분은 또 우셨다. "아버지~ 등록금을 내야 되는 데 어떻게 하면 좋겠습니까?" 자기네가 필요한 것이 있어 울고 기도하면 꼭 내가 이런 일을 당하고 돈을 가져오니 이제는 미안해서 기도도 못하겠다고 하며 미안해했다. 우리는 살아 계신 하나님께 영광을 올려 드리고 박수 치며 많이 웃었다. 나는 하나님이 돈을 누구에게 주고 싶으실 때 나를 기억해 주셨다고 생각하니 너무나 감사했다.

이후 황 전도사님은 목사가 되어 부천에서 개척교회를 시작했다. 황 목사님은 내가 사다 준 성경책을 들고 늘 이렇게 간증한다. "이 성경책을 들고 병든 나를 찾아온 한 분 집사님이 없었던들 오늘날의 나는 이미 이 세상 사람이 아닐 겁니다……" 하나님께서는 황 회장에게 혹독한 훈련과 연단을 거치게 한 후 그를 3천명이나 모이는 대형교회의 담임목사로 세우시고, 많은 영혼을 맡기셨다. 내게 귀한 열매를 주신 하나님께 감사와 영광을 돌린다.

> 여호와께 감사하고 그의 이름을 불러 아뢰며 그가 하는 일을 만민중에 알게 할지어다 그에게 노래하며 그를 찬양하며 그의 모

든 기이한 일들을 말할지어다(시 105:1, 2)

천사의 도움을 구하라

천사는 눈에 보이지 않는 영적 존재로서 시공간을 초월하며, 육이 없기 때문에 결혼하지 않으며 죽지 않는다. 만일 이러한 영적 존재를 인정한다면 성경을 이해하기가 쉬워질 것이다. 천사라는 단어는 성경 66권 중 약 300여 회가 언급되어 있다. 그런데도 우리는 천사의 존재를 무심코 지나칠 때가 많다. 여러분들이 만일 천사의 존재를 인정하고 도울 천사를 보내 달라고 기도한다면 영육 간에 많은 도움을 받을 수 있을 것이다.

모든 천사들은 섬기는 영으로서 구원받을 상속자들을 위하여 섬기라고 보내심이 아니냐(히 1:14)

천사는 지정의를 가진 인격적 존재이며, 사람의 형상으로 나타나기도 하고 흔적없이 사라지기도 한다. 우리는 도울 천사를 직임에 따라 보내달라고 하나님께 요청할 수 있다. 이 장에서는 어떻게 천사의 도움을 받았는지 나누어 보고자 한다.

벼랑 끝에서 들린 천사 음성

시어머님은 현대 의학으로 치료할 수 없는 아주 고약한 질병으로 심각한 상태가 되었다. 의사들은 치료 방법이 없다며 퇴원을 종용하였다. 나는 믿지 않는 시댁 식구들의 영혼 구원을 놓고 오랫동안 기도하고 있었다.

어느 날, 시어머님을 모시고 불치병자들이 많이 고침받는다는 소문을 듣고 대전 어딘가 기도원을 찾아가는 길이었다. 1978년 생애 첫 자동차, 빨간색 포니 차에는 요즘처럼 내비게이션도 없었고, 초보운전으로 운전도 서툴렀다.

시골길을 물어 물어 한참을 가다 길을 잘못 든 것을 알았다. 좁은 오솔길에서 차를 돌려야 했다. 열심히 왔다 갔다 하며 차를 돌리는데 갑자기 "스톱!" 하는 소리가 고막을 울렸다. 차를 세우고 유리창을 내려 소리 나는 방향을 쳐다봤다. 멀리 산이 보였다. 산등성이에 나무꾼 같은 사람이 지게를 진 것 같은데, 양팔을 들고 마구 휘젓는 형상이 보였다. 차에서 내려 뒤로 돌아가 보았다. "어머나, 세상에! 큰일 날 뻔했네~~."

자동차 바퀴가 낭떠러지에 겨우 걸려 있는 게 아닌가! 소름이 끼칠 정도의 위험천만한 순간이었다. 다시 산을 보았으나 아무도 없었다. 훗날, 그날을 회상해 보았다.

그때 나무꾼은 까마득히 멀리 있었다. 상당한 거리의 들판에서 아무리 소리친들 유리창문까지 닫고 있는 내 귀에 결코 들릴 수 없는 상황이었다. 그리고 그 멀리서 자동차의 뒷바퀴가 보일 수 있는 각도가 아니었다. 이 어찌 된 일인가! 하나님 아버지였다. 언제나 위기 때마다 함께하신 하나님이 천사를 급파한 것이다.

> 그의 사자를 너와 함께 보내어 네게 평탄한 길을 주시리니(창 24:40)
>
> 그가 너를 위하여 그의 천사들을 명령하사 네 모든 길에 내가 섬기는 여호와께서 너를 지키게 하심이라(시 91:11)

천사를 보내 주세요

나의 인생 여정 가운데 여러번 천사의 도움을 청했고 그때마다 놀라운 도움을 받았다. 주님을 인격적으로 만난 이후부터 나는 혼자 여행하는 것을 즐기는 사람으로 바뀌었다. 아무도 신경 쓰지 않고 오직 주님과 동행하다 보면 믿어지지 않는 기적을 경험하며 더욱 주님과 조용한 교제의 시간을 갖게 됨으로 평소와 다른 행복한 시간을 갖는다.

캔사스에는 'I HOP(International House Of Prayer)'이라는 국제 기도의 집이 있다. 2003년 6월 16일 캔사스 I HOP에서 열리는 집회에 참석하기 위하여 시애틀에서 캔사스로 가는 길이었다.

리처드 포스터의 저서에 '우리 삶의 자질구레한 것들을 기도하는 것은 기도의 올바른 내용이 아니라는 속임수를 믿어서는 안 된다'라고 기록하고 있다. 나 역시 이 글에 공감한다. 나는 여러분들에게 일상적인 우리의 삶에 관해 끊임없이 하나님과 대화하는 것은 그분과의 친근함을 유지하는 최상의 교제 방법이라고 주장한다.

언제나 주님께 우리의 영적 안테나가 맞춰져 있을 때, 크게 기도 하지 않아도, 오랜 시간 부르짖지 않아도, 하나님은 나와 동행하시는 분임을 경험시켜 주신 사건을 나누고자 한다.

기도의 집 I HOP은 하나님께서 이 시대의 젊은이들을 깨우고 찬양과 기도로 주님 오실 길을 예비하기 위해 세워졌다. 1년 365일 24시간 기도와 찬양이 계속되며 성령의 임재가 가득한 곳이다.

이성대 목사님과 은혜를 사모하는 몇몇 집사님은 한국에서 출발, 캔사스에 하루 먼저 도착했고, 나는 다음날 시애틀에서 떠나 캔사스에 가서 만나기로 되어 있었다. 차남 다니엘이 밤 비행기를 예약해 주었다. 밤새도록 비행기를 타고 중간에 댈러스에서 기다렸다가 비행기를 갈아타고 아침에 캔사스에 도착하는 스케줄이다. 밤 11시 55분에 시애틀에서 출발했다.

"세상에, 많은 사람이 칭찬하던 효자 아들이 장가가더니 달라졌네~~ 아무리 엄마가 캔사스 가는 비행기 표 좀 끊어라. 한 번 갈아타도 괜찮으니 조금 싼 표로 알아보거라 했을망정 엄마를 이토록 밤을 새워 가야 하는 비행기를 태워 보내다니…그것도 직항도 아니고 중간에 내려 3시간이나 기다리게 하다니…"

섭섭한 마음이 살그머니 스며들었다. 4시간 비행기를 타고 댈러스에 도착했다. 3시간을 더 기다려야 캔사스로 가는 비행기를 탈 수 있다. 혹시 깜박 졸다 비행기를 놓칠까봐 게이트 앞에 자리를 잡았다. 우연히 탑승구 쪽을 보게 되었다. '어머나!' 바로 연결되는 캔사스 가는 비행기가 있는 게 아닌가! 급히 뛰어가 여직원에게 이 비행기를 탈 수 있는지 물어보았다.

"당신은 마지막 탑승객으로 이 비행기를 탈 수는 있습니다. 그러나 짐칸은 이미 문이 닫혔습니다. 당신의 짐은 처음 스케줄대로 다음 비행기로 보내지게 될 것입니다. 당신은 목적지에 도착하여도 짐을 기다려야 함으로 결국 마찬가지입니다. 그래도 이 비행기를 타기 원합니까?"

나는 기다려도 그곳에서 기다리겠다며 뛰어 들어가 탑승하였다. 앉자마자 비행기는 이륙했다.

캔사스에 도착하였다. 오전 10시에 도착 예정이던 계획이 7시에 공항에 도착하였다. 이곳저곳에 전화를 걸어 일찍 도착했음을 알리고 싶었다. 그러나 연락할 방법이 없었다.

3시간을 그곳에서 기다려야 한다는 생각이 들자 갑자기 서러운 생각이 밀려왔다. 결혼 후 너무나 멀어져 버린 듯한 아들에 대한 섭섭함이었던 것 같았다. '엄마가 밤새도록 비행기를 타고 갔는데 아들은 걱정도 안 하겠지…. 이러다 내게 무슨 일이 일어난들 저희들이 알까?' 쓸쓸함이 엄습해왔다. "하나님 아버지~ 천사를 보내주셔서 저를 좀 위로해 주세요. 제가 왜 이렇게 슬프죠?" 구체적으로 어떻게 해달라는 것은 없었다. 막연히 아버지께 넋두리하듯 입속으로 읊조렸다. 그럭저럭 시간은 40분 이상 흘렀다. 구석에 앉아 자려고 했으나 잠이 오지 않았다.

처음 온 캔사스 공항, 시간도 보내고 주위 구경도 할겸 복도를 걸어보고 싶은 생각이 들었다. 짐 찾는 곳도 몇 군데 지났다. 조금 더 걸었다. 그런데 복도 중앙에 내 가방과 비슷한 가방이 하나 있었다.

'이상하네~ 내 가방은 이태원에서 산 짝퉁 루이비똥 가방이라 미국에서는 보기 드문데~.' 그래도 혹시나 해서 가보았다. 이게 웬일인가?

틀림없는 내 가방이 아닌가! 내 이름표가 붙어있었다. '도대체 어떻게 된 거지?' 그곳은 짐 찾는 곳도 아니었다. 뒤늦게 깨달은 사실은 갑작스레 복도를 걸어보고 싶은 생각을 넣어 주신 분이 성령님이시라는 것이다. '나의 영의 안테나가 성령님께 맞춰 있었구나!'

"아버지, 주님이셨군요! 늘 저와 함께하는 주님! 천사를 댈러스 공항에 파견하시고 그 많은 짐 속에서 어떻게 제 가방을 찾으셨어요? 그리고 어떻게 이곳까지 날라다 주셨어요?" 이러한 상황을 어찌 설명해야 할지 막연했다.

"하나님 아버지! 정말 큰 위로입니다. 저의 작은 신음에 응답하신 주님! 더 이상의 위로는 이 세상에 없을 겁니다. 감사합니다, 감사합니다!

> 여호와여 주께서 행하신 일로 나를 기쁘게 하셨으니 주의 손이 행하신 일로 말미암아 내가 높이 외치리이다(시 92:4)

짐 가방을 끌고 다시 한적한 곳에 자리 잡았다. 하나님께서 하시는 일은 언제나 우리의 상상을 초월하기 때문에 경험될 때마다 어리둥절하고 얼떨떨하였다. 이럴때 누군가 곁에서 놀라운 이 상황을 함께 경험하면 얼마나 좋았을까! 아무도 없는데 혼자 웃을 수도 없고… 세상에, 세상에~~ 하면서 팔짝 뛸 수도 없고… 픽업 나오실 목사님만 만나면 되었다.

잠시 눈을 감고 쉬기로 하였다. 캔사스 공항은 복도가 길고 폭은 좁다. 긴 복도에 전광판이 드문드문 걸려 있었다. 그런데 바로 내 앞 전광

판 앞에서 두런두런 이야기 소리가 들렸다. 잠깐 눈 좀 붙이려 하는데 하필이면 내 앞에서 이건 뭐지? 남자 둘이 서서 전광판을 들여다보며 "아직 도착하려면 멀었지?" 한국말이 들렸다.

"어~~목사님, 목사님~"

두 번을 부르니 그제야 뒤를 돌아보았다.

"아니 권사님 어떻게 된 일이세요? 비행기는 아직 도착하려면 멀었는데요?"

나는 목사님의 말이 채 끝나기 전에 "목사님은 웬일이세요?" "아~ 네, 권사님 마중 나왔지요. 우리는 할 일도 없고 해서 쉬어도 공항 나가 쉬자며 그냥 일찍 나왔어요."

나는 그동안에 있었던 놀라운 짐 가방 기적을 이야기하며 하나님께 영광을 올려드렸다. "짐도 왔고, 픽업해 주실 목사님도 왔네요. 오! 하나님, 아버지~~ 저, 너무 행복하고 세상을 다 얻은 것처럼 너무 기쁩니다. 어느 곳, 어떤 세상에 있다해도 저는 두렵지 않습니다. 외롭지 않습니다."

> 내게 주신 모든 은혜를 내가 여호와께 무엇으로 보답할까 내가 구 원의 잔을 들고 여호와의 이름을 부르며 여호와의 모든 백성 앞에 서 나는 나의 서원을 여호와께 갚으리로다 (시 116:12-14)

하수구를 뚫어준 천사

하나님은 구체적으로 드린 기도는 구체적으로 응답하신다. 만일 당신이 기도를 두루뭉술, 애매모호하게 한다면 하나님이 응답을 주셔도 우연히 운이 좋았다고 생각할 수 있다. 그러므로 구체적이고 명확한 기도는 하나님께 그분의 능력을 찬송하고 영광을 올려드리게 하는 원동력이 된다.

다음 이야기는 아들이 경영하는 레스토랑 하수도가 막혀 바닥을 전부 깨야 하는 급박한 상황에서 천사가 막힌 것을 뚫어준 기적의 이야기이다.

2004년도 새해를 시작하며 시애틀에 있는 I HOP(International house of Pancake)이라는 레스토랑을 인수했다. 많은 미국 사람이 즐겨 찾는 미국 전역에 있는 프랜차이즈 레스토랑이다.

12월 9일, 프랜차이즈 레스토랑은 5년에 한 번씩 대대적인 수리를 해야 하는 규칙이 정해져 있다. 식당문도 5일 정도 닫으며 돈도 많이 드는 대공사였다. 나는 한국에 머무르며 이 공사가 무사히 잘 끝나기를 기도하였다.

아들은 전화를 걸어 기분 좋은 목소리로 "어머니 와 보시면 깜짝 놀랄 거예요. 완전히 새 식당이 되었어요. 얼마나 깨끗하고 좋은지 몰라요. 내일부터는 새 단장으로 다시 식당 문을 열거예요."

"그렇구나, 참 감사하다. 그런데 뭔가 내 맘이 불안 불안한데 잘해 보거라."

다음날 정해진 기도 시간에 기도하고 있는데 미국에서 아들이 다급한 목소리로 전화했다. "어머니 큰일 났어요. 식당 하수도가 막혔어요. 물이 역류해서 식당이 난리가 났어요. 손님들은 밀려오는데, 겨우 긴급

조치를 해서 물을 뒷문 밖으로 빼내고 있어요. 만약 들키면 식당 문을 닫아야 해요. 여러 큰 회사에서 사람들을 불렀어요. 최신 장비를 동원하여 조사해도 하수도 어디에 무엇이 막혔는지 아무도 찾지 못해요."

아들의 목소리는 불안에 떨고 있었고, 당황해하고 있었다. 모두 하는 말이 막힌 곳을 모른다는 것이었고, 하수도 배관을 따라 바닥을 깨야 한다는 것이었다.

"Oh, NO! 절대 그런 일은 있을 수 없다. 하나님 아버지께서 결단코 그런 일을 우리에게 하시지 않을 거야. 아들아, 엄마가 여기서 기도할 테니 바닥을 깨지 말고 기다려라. 알았지?"

"네…"

"만약 바닥을 깬다면 지금까지 고생하고 돈 들인 것이 다 헛수고가 된다. 모든 것을 새로 단장해 놓았는데 그 수고와 먼지들을 어떻게 감당할래!"

"오! 하나님 아버지, 지금까지 살아오는 동안에 여러 가지 난관이 있을 때마다 기도를 들어주셨습니다. 저와 아들 다니엘은 이 상황 속에서 결코 식당 바닥을 뜯는 일은 하지 않을 것입니다. 저는 하나님의 전능하심을 믿기 때문입니다. 우리는 주님의 사랑받는 자녀입니다. 아버지는 결단코 당신의 자녀가 고통을 받고 많은 재정 손실을 보는 것을 허락하지 않으실 것을 믿습니다." 주님께 매달리고, 간구하고, 부르짖고 또 부르짖었다.

다음날도 아들의 전화는 같은 내용이었다.

"오늘도 하수도를 뚫어주는 전문인들이 와서 보았어도 뚫을 수 없었어요."

"아들아! 실망하지 말거라. 기도는 끝까지 믿음을 갖고 이루어질 것을 믿으며 해야 한다. 교회에서 목사님과 사모님, 셀 리더들을 모두 초청하여라. 가장 비싸고 맛있는 것으로 푸짐하게 대접해라. 그리고 모두가 합심하여 하수도가 뚫어지길 기도하거라. 알겠지? 엄마는 한국에서 열심히 기도할게."

다음날, 그다음 날도 아들의 말은 똑같았다.

"엄마가 하라는 대로 다 했어요. 그래도 안 뚫어졌어요. 이제는 더 이상 못 기다리겠어요. 아무래도 바닥을 깨야 할 것 같아요."

"안 돼! 끝까지 하나님 아버지를 믿고 그분의 능력과 도우심을 기다리자."

"부엌 뒷문으로 하수도를 직접 연결해서 물을 빼고 있는데 너무 위험해요. 들키면…."

"오~~ 아버지!!"

일주일이 다 되어갔다. 아들에게 전화를 했다.

"아들, 조금만 기다려라! 아무래도 엄마가 그곳으로 가봐야 할 것 같다." 급히 비행기 표를 샀다. 비행기 안에서도 가는 동안에 계속 기도했다. 공항에 나온 아들이 밝은 얼굴로 '어머니 뚫어졌어요.' 하며 환하게 웃는 모습을 기대하였다. 나는 아들의 얼굴을 먼저 살폈다. 아들은 피곤하고 약간 지친 얼굴로 아무 말없이 옆으로 고개만 저었다.

식당부터 들러서 간절히 기도했다. "아버지! 전지전능하신 나의 하나님, 천사를 보내주세요. 사람은 들어갈 수 없는 하수도 구멍, 천사는 들어갈 수 있지 않습니까? 천사가 들어가서 막힌 것을 뚫게 해 주세요."

다음날 아들이 교차로를 보고 하수도 배관일 하는 사람을 불렀다. 아무 장비도 갖고 오지 않은 아저씨가 와서 하수도 구멍을 들여다보았다. 그리고 하수도 입구까지 나와 있는 포크 하나를 발견하고 꺼냈다. 하수도는 이미 뚫어져 있었고, 물은 콸콸 내려갔다. 그 아저씨는 포크가 가로로 어딘 가에 가서 낀 상태로 쓰레기가 나가다 걸리고 또 걸려 포크에 챙챙 감겨 하수도를 막았을 거라고 말했다. 어찌 되었든 기도한 대로 천사의 조그마한 손이 들어가서 막힌 것을 뚫고 포크를 끌어다 입구에 놓았다고 믿는다.

> 모든 천사들은 섬기는 영으로서 구원을 받을 상속자들을 위하여 섬기라고 보내심이 아니냐(히 1:14)

다음날 주일, 아들과 함께 교회에 갔다. 그리고 아들은 간증을 했다. 모두 잘 먹고 기도하고 왔는데 하수도가 안 뚫려서 민망했었다고 했다. 간증 후 모두 주님께 큰 박수로 영광을 올려드렸다. 그리고 많은 성도들이 "어떻게 7세에 미국 와서 교육받은 아들이 엄마가 '기다려라, 하나님이 뚫어 주실 것이다' 라는 황당할 수도 있는 말을 믿고 기다려 줍니까?" 엄마의 기도를 통해서 일하실 하나님을 믿는 믿음이 더 대단하다고 입을 모아 칭찬해 주었다.

이 사건을 통해 성령께서 어떻게 기도하게 했는지 생각해 보았다.

감사하게도 성령님은 끈질기게, 믿음을 갖고. 끝까지, 기도하기를 포기하지 않게 하셨다. 또한 인내하며 기다리는 훈련도 시켜 주셨다. 사람들은 실컷 기도하고, 좀 더 기다리지 못해, 주님이 일하실 시간을 잃어버리는 경우가 많다. 시련과 어려움을 통과한 후 기도가 응답될 때 우리 믿음은 더욱 확고해진다. 주님께서는 가끔 우리의 믿음을 더욱 견고케 하기 위해 시험의 올무에 걸리게 됨을 허락하신다. 존귀하신 그 이름이 영광을 받으시기 위하여….

> 오직 믿음으로 구하고 조금도 의심하지 말라 의심하는 자는 마치 바람에 밀려 요동하는 바다 물결 같으니 이런 사람은 무엇이든지 주께 얻기를 생각하지 말라(약 1:6, 7)

짐 가방을 감추어준 천사

2005년 1월 5일에 있었던 일이다. 미국에서 오는 강사가 오후 5시 40분 비행기로 한국에 도착한다. 아직 공항까지 가려면 1시간은 더 가야 했다. 공항에 전화를 걸었더니 비행기가 벌써 도착했다고 하였다.

이즈음 하나님께서는 내게 새로운 성령의 기름 부으심을 위해 미국에서 오는 많은 주의 종을 섬기는 기회를 주셨다. 공항 픽업부터 떠날 때까지 모든 일을 주님이 주신 사명으로 알고 기쁘게 감당했다.

그런데 오늘 큰 실수를 할 뻔했다. 공항 가는 길에 교통 체증이 심해서 길이 많이 막혔다. '아이고~~큰일 났네, 어떻게 하면 좋아! 내가 먼저 나가 있어야 하는데… 처음 오는 강사인데 나와서 아무도 없으면 얼마나 당황할까!' 계속 자동차 안에서 간절하게 기도를 하였다.

"하나님 좀 더 일찍 준비하지 못한 것을 용서해주세요. 강사님이 나올 수 없도록 천사를 보내어 짐 가방을 감추어 주세요. 오! 주여~~ 천사를 보내 주세요, 짐 가방을 감춰주세요." 짐 가방이 안 나오면 강사님은 결코 밖으로 나올 수 없기 때문에 천사를 보내어 짐 가방을 감추어 주시기를 부르짖어 기도하였다.

어쩌면 교통이 이렇게 막힐 수가 있을까! 이미 비행기가 도착한 지 3시간이 다 되어서야 공항에 도착했다. 운전해 주는 여자 집사님에게 천천히 돌고 있으라 하고는 서둘러 안으로 뛰어 들어갔다. 그런데 강사님이 막 문에서 나오고 있었다. 우리는 서로 일초도 기다리지 않고 만났다. 강사님은 미안한 미소를 지으며 첫 마디가 "미안합니다. 오래 기다리셨죠? 이상하게 짐 가방이 나오지 않아서 지금까지 짐을 기다리느라고 늦었습니다." 반복하여 미안하다고 하시니 사실대로 이야기할 수밖에 없었다. "더 이상 미안해 하지 마십시오…." 우리는 많이 웃으며 주님께 영광의 박수를 올려 드렸다. 감사하게 주님께서는 구체적으로 드린 다급한 기도에 내가 제시한 방법을 그대로 응답해 주셨다. 만일 나의 기도가 '어떡해요, 어떡해요' 하며 차 안에서 발만 동동 굴렀다면 이렇게 확실한 기도 응답을 받지 못했을 것이다.

> 엘리야는 우리와 성정이 같은 사람이로되 그가 비가 오지 않기를 간절히 기도한즉 삼 년 육 개월 동안 땅에 비가 오지 아니하고 다시 기도하니 하늘이 비를 주고 땅이 열매를 맺었느니라 약 5:17, 18

찬양의 신비

하나님께서는 나를 모태 적부터 찬양하며 춤추는 자로 지으셨기에 기도 들어가기 전 1시 간 이상 나의 찬양 받으시기를 기뻐하신다.

만일 당신이 앉아서 목소리로만 찬양하는 것보다 두 손을 들고 춤을 춘다면 영적 돌파력이 훨씬 강함을 느낄 수 있을 것이다.

기도가 영적 호흡이라면 찬양은 하나님께 대한 우리의 사랑을 표현할 수 있는 최고의 언어다. 존귀하신 하나님, 그분 이름을 송축하며 올려드리는 찬양은 어떤 기도보다 뛰어난 능력이 된다. 또한 찬양은 하나님께서 우리의 기도를 들어줄 수밖에 없도록 아버지 마음을 녹여 버리는 무기이다.

마치 왕 앞에선 에스더가 너무나 사랑스러워 왕이 네 소원이 무엇이냐? 나라의 반이라도 주겠다"고 말한 것처럼 더 크신 왕 중의 왕이신 우리 아버지도 우리의 찬양 소리를 들으시면 "네 소원이 무엇이냐? 무엇이든지 원하는 대로 구하거라" 말씀하실 것이다.

> 왕이 이르되 왕후 에스더여 그대의 소원이 무엇이며 요구가 무엇 이냐 나라의 절반이라도 그대에게 주겠노라(에 5:3)

하나님이 당신을 사랑함으로 기쁨을 이기지 못하여 그분의 눈을 사랑으로 어둡게 하고 싶은가? 온몸과 전심으로 경배하며 찬양하라.

> 너희 하나님 여호와가 너의 가운데에 계시니 그는 구원을 베푸실 전능자이시라 그가 너로 말미암아 기쁨을 이기지 못하시며 너를 잠잠히 사랑하시며 너로 말미암아 즐거이 부르며 기뻐하시리라(습 3:17)

천사의 노래

찬양으로 최상의 예배를 드려라. 우리가 전심으로 드리는 찬양 속에 천사가 화답하는 찬양을 들어본 경험이 있는가?

남편과 단 두 식구 살기에 48평 아파트는 너무나 컸다. 성령께서 집이 없는 최 전도사님을 집에 들이라는 감동을 주셨다.

미국에 있다가 오랜만에 한국에 왔다. 시차로 말미암아 새벽같이 잠이 깨었다. 나는 언제나 밤 기도를 하고 최 전도사님은 늘 새벽에 기도한다. 전도사님 방에서 찬양 소리가 들렸다. 그날은 최 전도사님 찬양 소리가 평소와 달랐다. 전도사님은 대단한 기도의 용사이며 중보자다. 매일 부르짖으며 기도를 하는 바람에 목소리는 항상 쉬어 있어 남자 목소리보다 더 굵은 저음이다. 그런데 환상적인 아름다운 소프라노의 노랫소리가 들렸다. 이 새벽에 누가 왔을까? 의아해하며 귀를 기울였다. 못 들어본 영의 멜로디와 간혹 최 전도사님의 굵은 목소리도 들렸다. 가만히 일어나 문밖에 서서 한참을 들었다. 누가 왔을까? 저렇게 예쁜 소리를 내는 자매는 누구일까? 가끔 서로 화합하는 식의 멜로디도 들렸다. 나는 참을 수 없어서 문을 열었다. 최 전도사님이 침대 위에 앉아 굵은 알토로 '생명! 주께 있네! 능력! 주께 있네…' 노래를 부르는 수준이 아닌 찬양집을 읽는 수준이었다. 그리고 혼자였다. 아름다운 목소리의 주인공은 없었다. 그리고 아름다운 찬양도 더 이상 없었다.

"전도사님 혼자예요?"

내 질문이 이상하다는 듯 오히려 "예?" 하며 나를 쳐다보는 전도사님! '오, 주님! 성령님이셨군요.' 곧 깨닫게 되었다. 찬양이 음정 박자가 맞든 안 맞든, 우리가 온 마음을 다해 진심으로 주님을 찬양한다면 천사가 화답하는 영의 찬양이 되어 주님 앞으로 올라가는구나!

생시에, 이렇게 생생하게, 천사가 화답하는 찬양을 들려주시다니! 어느 누가 이 말을 믿어줄까! 방금 들린 찬양은 알 수 없는 영의 찬양이었다. 그렇다면 우리의 진심 어린 기도도 입 밖에 나오는 순간 영의 기도로 바뀌어 천사의 금 향로에 담긴 연기가 되어 주님 보좌 앞으로 날아가겠구나! 무언가 영 안에서 잡힐 듯… 이 비밀을 알려주시다니 흥분할 수밖에 없었다.

> 시와 찬송과 신령한 노래들로 서로 화답하며 너희의 마음으로 주께 노래하며 찬송하며 (엡 5:19)
>
> 또 다른 천사가 와서 제단 곁에 서서 금 향로를 가지고 많은 향을 받았으니 이는 모든 성도의 기도와 합하여 보좌 앞 금 제단에 드리고자 함이라 (계 8:3)

천상의 찬양

나의 기도 습관은 밤 11시에 시작해서 주로 새벽 한두 시경에 마친

다. 이날도 새벽녘에 잠이 들었다. 잠결에 누군가 현관문 따는 '찰칵' 소리에 잠이 깨었다. '이 시간에 누구지? 남편은 대구에 출장 갔고 열쇠는 파출부 아줌마만 갖고 있는데…누구세요?' 물어보려고 하는데 목소리가 안 나왔다. 손가락 하나도 움직여지지 않았다. 꼼짝할 수가 없었다. 그 와중에 생각만은 자의대로 할 수가 있었다. 그래서 '나는 지금 꿈을 꾸는게 아니고 현실이야'라는 생각을 했다.

슬리퍼를 끄는 발자국 소리가 지익, 지익 들렸다. 이내 화장실로 들어가 물 트는 소리가 '쏴~아' 들렸다. 다시 나와 부엌 쪽으로 가는 소리가 들렸고 싱크대에서 무엇을 하는 듯 딸그락거리는 소리가 들렸다. '이럴 수가!' 많은 영적인 체험을 했지만 이런 경험은 처음이었다. 고스트 영화에서나 나올 법한 이야기가 아닌가!

나는 곧이어 이건 사람이 아니고 어떤 영적 존재가 들어왔구나! 하는 것을 즉각 알아차렸다. 예수님 이름의 권세를 선포하려고 아무리 버둥거려도 무엇인가 목을 누르고 있어 소리를 낼 수가 없었다. 의지를 다해, 온 힘을 다해 예~~수, 예~~수, 곧 숨이 끊어질 듯 예수님을 불렀다.

순간 천상으로부터 아카펠라로 부르는 소년들의 환상적인 합창이 들렸다.

> 나의 죄를 씻기는 예수의 피밖에 없네.
> 다시 정케 하기도 예수의 피밖에 없네.
> 예수의 흘린 피 날 희게 하오니 귀하고 귀하다.
> 예수의 피밖에 없네.

세상에서 그렇게 아름다운 하모니는 처음 듣는 소리였다. 그와 동시에 이루 말할 수 없는 자유함과 평안의 물결이 나를 덮으며 "오~~ 천사! 천사들의 찬양 소리다!" 독백과 동시에 의지와 상관없이 깊은 잠으로 떨어졌다.

"천사들의 찬양이 하늘에서 울리니 아름다운 노래가 청아하게 들린다. 영~~광을, 높이 계신 주께…"

다음날 아침에 잠에서 깨어나 이 찬송가를 흥얼거렸다. 혹시, 여러분들의 삶 가운데 등이 오싹! 혹은 뭔가 악한 것들의 소행이 느껴질 때가 있다면 '예수의 피' 찬양을 하기 바란다.

> 한밤중에 바울과 실라가 기도하고 하나님을 찬송하매 죄수들이 듣더라 이에 갑자기 큰 지진이 나서 옥터가 움직이고 문이 곧 다 열리며 모든 사람의 매인 것이 다 벗어진지라(행 16:25, 26)

시공간을 초월하는 찬양

하나님은 예배 가운데 찬양과 기도의 채널을 통해서 우리와 교제하기를 원하신다. 하나님과 교제가 깊어질수록 하나님이 어떤 분인가에 대하여 더 많이 알게 된다. 하나님, 그분은 거룩하시고 사랑이 많으시고 무소부재하신 '영'이시다.

> 하나님은 영이시니 예배하는 자가 영과 진리로 예배할지니라
> (요 4:24)

우리는 영적인 예배를 통해서 하나님을 만나는 경험을 하게 된다. 어떤 예배가 과연 하나님을 기쁘시게 하는 영적 예배인가?

하나님께서는 내가 25년 이상 동일한 시간에 드리는 예배를 통하여 주님과 친밀한 교제를 유지하게 하셨다. 모두가 잠든 고요한 시간에 주님과 교제하는 시간은 성령님의 임재 속으로 인도함을 받는다. 그리고 예배 가운데 성령님이 오시면 언제나 눈물로 영접하며 교제하기 시작한다.

하루는 미국에 있는 작은아들 다니엘을 위해서 기도하고 있었다. 시공간을 초월하시는 주님께 문득 찬양으로 기도를 드리고 싶은 감동이 들었다. "하나님은 댄을 지키시는 자, 댄의 우편에 그늘 되시니 그가 댄을 지키시리라. 댄의 출입을 지키시리라. 하나님은 댄을 지키시는 자, 댄의 환난을 면케 하시니 낮의 해와 밤의 달이 댄을 해치 못하리. 눈을 들어 산을 보아라. 댄의 도움 어디서 오나, 천지 지으신 댄을 만드신 여호와께로다."

두 손 들고 목청을 높여 찬양했다. 시편 121편 가사를 생각하며 선포하듯 몇 번씩 반복하며 간절함으로 찬양을 올려 드렸다. 너라고 한 부분에 아들의 이름을 넣고 찬양하고 있을 때 전화벨이 울렸다. 아들 다니엘에게서 온 전화였다.

"댄, 무슨 일이야? 거기는 지금 새벽이잖니?" "왜 벌써 일어났어?"

아들의 목소리는 울음 섞인듯 떨고 있었다.

"너 울고 있니? 무슨 일이 있는 거야?" "혹시 아내와 다퉜니?" "아니요, 잠을 자고 있었어요. 그런데 엄마 노랫소리가 들렸어요.

깜짝 놀라서 잠이 깨었는데 나도 모르게 눈물이 나요."

"그랬구나~ 엄마가 지금 너를 위해 기도하며 네 이름을 넣고 찬양하고 있었어."

무소부재하신 하나님께서는 태평양 건너에서 온 마음을 다해 찬양으로 하나님의 말씀을 선포하자 그 찬양은 자는 아들 다니엘 귓전에 들려주셨다. 혹, 자녀가 멀리 있다 하여, 남편이 멀리 있다 하여, 그들이 당신의 기도를 못 듣는다 하여, 염려하지 말라. 하나님께서는 우리가 어느 곳에서 기도하든지, 찬양하든지, 들으시며 시공간을 초월하여 역사하신다.

> 여호와의 말씀이니라 나는 가까운 데에 있는 하나님이요 먼 데에 있는 하나님은 아니냐 여호와의 말씀이니라 사람이 내게 보이지 아니하려고 누가 자신을 은밀한 곳에 숨길 수 있겠느냐 여호와가 말하노라 나는 천지에 충만하지 아니하냐 (렘 23:23, 24)

백일 간 사랑

하나님 아버지는 우리가 하나님을 위해서 뭔가를 하려고 애쓰는 것 보다 하나님 아버지로 인하여 행복해하는 것을 더욱 기뻐하신다. 기도는 하루 세끼 밥을 먹듯 해야 하는 일과 중의 하나가 아니다. 기도는 생활이며 삶이다. 우리가 숨을 쉰다는 것이 일이 아니고 삶 자체인 것과 같다. 호흡하듯 기도하라. 숨쉬기가 힘든 사람은 사망이 코앞에 다가온 병든 사람이라고 볼 수 있다. 마찬가지로 당신의 기도 생활이 힘들다고 느껴진다면, 영이 병들어가고 있다고 생각하면 틀림없을 것이다.

기도의 삶을 수년간 강의하면서 수강생들이 가장 힘들어하는 것은 기도생활을 지속적으로 끈질기게, 응답받을 때까지 하지 못 한다는 것이다. 나 역시 아무리 주님께 부르짖어도 잠잠히 계시는 주님 앞에서 차라리 기도를 포기하고 싶었던 지루한 시간도 있었다. 그러나 나와 단둘 만의 시간을 원하셨던 주님은 끈질긴 기도와 기다림과 인내를 훈련시키셨다. 그리고 기도를 통한 주님과의 교제가 무엇인지 가르쳐 주셨다. 다음은 주님께서 특별하게 100일 동안 일상적 삶 속에서 훈련하신 일들을 기록했던 간증들이다.

잡아준 짐 트럭

응답받는 기도를 하려면, 우리 힘으로 해결할 수 없는 문제 앞에서 아버지의 능력을 갈망하는 진심 어린 소원을 가져야 한다.

> 너희 안에서 행하시는 이는 하나님이시니 자기의 기쁘신 뜻을 위 하여 너희에게 소원을 두고 행하게 하시나니 (빌 2:13)

반복되는 말이지만, 때때로 당신은 이러한 문제를 기도해도 되나? 하는 생각에 기도 생활에 자신감을 잃는 경우는 없었는가? 당신이 간구하는 기도가 육신의 정욕을 위한 기도만 아니라면 비록 육신적인 기도라 할지라도 하나님의 자녀라는 확실한 믿음을 갖고 예수 이름으로 구하라. 중요한 것은 아버지께 영광을 올리고 싶은 열망을 품고 기도하라.

> 너희가 얻지 못함은 구하지 아니하기 때문이요 구하여도 받지 못함은 정욕으로 쓰려고 잘못 구하기 때문이라(약 4:2, 3)

1992년도에 한국에서 유학 온 학생들을 믿음과 사랑으로 돌보겠다는 꿈을 갖고 미국 시애틀에 랭귀지 스쿨을 세웠다. 무언가 내 힘으로 의미 있는 일을 해보리라는 각오로 처음으로 세상에 뛰어들었다. 취지는 좋았다. 큰 꿈을 갖고 6,000평 대지에 건평 200평 정도 되는 조용한 시골집도 샀다.

한국에서 유학 온 아이들에게 좋은 환경에서 숙식을 제공하고, 뒤떨어진 과목을 과외로 공부시키며 복음을 심어 주자는 것이 설립 목적이었다. 토요일이면 관광도 시키고 쇼핑, 영화감상 등 자유 시간을 주었다. 주일이면 모두 교회에 데리고 갔다. 이런 일을 부부가 했다면 훨씬 더 성공했을 것이다. 나는 힘든 일을 잘하지 못하기 때문에 주방에는 한식을 하는 조리사를 두었다. 아이들을 사립학교로 등하교 시키기 위해 15인승 밴도 샀다. 또 스쿨버스 기사를 고용했다. 그리고 영어 과외 선생님이 매일 왔다. 이러다 보니 학생들에게서 받는 돈으로는 차츰 운영에 어려움을 겪게 되었다. 그래도 아이들이 잘 적응해 준다면 보람으로 생각하며 학교를 계속 운영했을 것이다.

가지 많은 나무에 바람 잘 날 없다더니 아이들이 학교에서 말썽들을 부려 나는 자주 학교에 불려가야 했다. 분명히 학생들을 태워 학교 교문 앞에 내려 주었는데 어디로 땡땡이를 쳤는지 학교에서는 결석했다고 연락이 오곤 했다. 그래도 명분이 있는 일이라 생각하고 책임감을 느끼고 열심히 하고자 했다. 그런데 학부형들은 아이들이 문제를 일으키면 나를 원망했다. 수고를 알아주지 않는다는 섭섭함은 아이들에 관한 사랑도 의욕도 점점 잃어가게 했다.

학교 운영을 2년 정도 하면서 또 다른 인생의 부서짐을 맛보았다. 랭귀지 스쿨은 생각만큼 쉬운 것이 아니었다. 내 힘의 미약함을 처절하게 경험하며 다 정리하기로 하였다. 학교 문을 닫았다. 그 후 몇 년 동안 세를 주고 있다가 세입자가 나가고 집을 비우게 되었다. 매월 2,000불 이상씩 은행 대출 이자를 지불해야 하고, 집은 점점 더 낡아가기 때문에 집을 속히 파는 문제를 고민하기 시작하였다.

당시 두 아들은 모두 동부로 떠났고 시애틀에는 아무도 없었다. 나는 주로 한국에 있으며 남편을 섬기기 시작하였다.

어느날, 학교로 사용하던 집을 팔기 위해, 작은아들 떠날때 버지니아로 옮긴 모든 가구를 다시 시애틀로 보내라고 아들에게 부탁을 했다.

그때가 2001년 7월 28일이었다. 전화를 받자 마자 아들은 이삿짐 트럭을 즉시 불러 시애틀로 가구들을 보냈다. 짐은 아무리 늦어도 8월 10일경에 도착한다고 하였다. 그러나 이런 성수기에 갑작스레 떠날 길은 막막했다. 여름방학 기간이라 비행기 표를 도저히 구할 수가 없었다. 짐이 먼저 도착할 확률이 99%다. 나는 본격적으로 기도하기 시작하였고, 이때부터 하나님의 훈련은 시작이 되었다.

"하나님 아버지, 저 좀 빨리 떠날 수 있게 해주시고요. 짐은 제가 도착한 후에 받을 수 있게 해 주세요. 제가 도착할 때까지 짐 트럭을 붙잡아주세요."

절박한 기도였다. 매일같이 내가 도착하기 전에 짐이 오면 어쩌나, 아슬아슬한 하루하루를 보냈다. 온몸에 땀이 날 정도로 매일 주님께 짐을 잡아 달라고 기도했다. 짐이 도착하는 예정일은 이미 며칠이나 지났다. 그리고 드디어 웨이팅이 풀려서 8월 15일에 떠나게 해 주셨다. 비행기 안에서도 시애틀에 도착할 때까지 '조금만, 조금만 더 짐을 잡아 주세요.' 쉬지 않고 기도했다.

한국에서 8월 15일에 출발한 비행기는 시애틀에 8월 15일에 도착했다. 그리고 도착한 다음날 아침 8시에 전화벨이 울렸다. 트럭이 시애틀에 도착했다는 운전기사의 전화였다! 아침 9시까지는 도착할 수 있는데 어느 주소로 가야 하는지 물어보는 게 아닌가!

너무나 감사해서 잠시 얼이 나간 사람과 같았다. 사람의 힘으로는 도저히 동부에서 떠난 트럭을 잡아 둘 수는 없는 일이다. 게다가 도착한 지 단 하루의 공백도 없었다. 혹시 우연의 일치라고 말하고 싶은가? 왜 내게는 우연이 그렇게도 많단 말인가! 또 기도하기 시작하였다.

"아버지 저는 일도 못 하는데 이삿짐이 들어오면 누가 정리하고, 비워 놓았던 집 청소는 어떻게 해야 하나요?" 오랫동안 비워 놓았던 집의 잔디는 무성하게 자라서 뱀이 나오게 생겼고 온 집안은 거미줄 투성이었다. 영화에서 볼 수 있는 으스스하고 흉측한 집이 되어 있었다.

신기한 일이 일어났다. 아무에게 연락을 안 했는데 같은 교회 할아버지 두 분이 오래전부터 비어 있다던 집이 어떻게 됐는지 궁금하다며 지나가다 들렸다. 할아버지들은 외딴 숲속 집에 혼자 있는 내가 가여웠는지 며칠 동안 매일 들려 청소와 이삿짐 정리까지 열심히 도와주었다. 지금은 두 분 다 고인이 되었지만 참 고마우신 분들이었다.

위 간증을 통하여 어떻게 기도했기에 하나님의 도움을 받을 수 있었는지 돌아보았다. 나는 차선책을 두지 않았다. 누구에게도 혹시 짐이 도착하면 받아 달라는 부탁을 하지 않았다. 사람의 심리는 조금이라도 믿는 구석이 있으면 하나님께 절대적으로 매달려 기도하려 하지 않는다. 대책 없는 절박한 순간이 하나님을 경험하는 절호의 찬스가 될 수 있다는 것을 성령께서 깨닫게 해 주셨다.

하늘의 군대

이 날도 낮에는 일하고 밤이 되면 혼자가 되었다. 옆집을 가려 해도 차를 타고 가야 할 정도로 외딴 숲속 집에서 내가 할 일은 성령님과 함께 드리는 눈물의 기도와 찬양뿐이었다. 성령께서는 언제나 내게 두려움을 없애 주었다.

어느 날 눈물로 주님과 오래 교제하고 잠자리에 누웠다. 고요한 밤, 멀리서 개 짖는 소리가 '컹컹컹' 하고 들리는데 늑대의 울음소리인지 '우~~'하는 소리가 적막을 깨트렸다. 갑자기 눈앞이 환해짐을 느꼈다. 그리고 옛날 영화 속에서나 보던 로마 군병들이 완전 무장하고 집 안

팎과 담을 따라 진을 치고 있는 것이 보였다. 마치 엘리사 때 역사하셨던 말씀과 같았다.

> 주님 간구하오니 저 시종의 눈을 열어주셔서 볼 수 있도록 해 주십시오 그러자 주님께서 그 시종의 눈을 열어주셨다. 그가 바라보니 온 언덕에는 불 말과 불 수레가 가득하여 엘리사를 두루 에워 싸고 있었다(왕하 6:17)

이후부터 나는 외딴 시골집에서 홀로 생활해도 어떤 두려움 없이 행복한 잠을 자곤 했다.

방언의 위력

2001년 9월 1일, 나는 정말 모자라고 단순하며, 오늘날까지 하나님의 은혜가 없었더라면 도저히 살아갈 수 없는 존재임을 고백한다. 집을 팔려면 일단 수개월 이상 방치했던 집을 손질해야 했다. 교차로 신문에서 광고를 보고 한국 아저씨를 불러 우선 외부 페인트를 깨끗하게 칠했다. 그리고 볕이 안 들어올 정도로 빼곡한 집 주변 나무들도 많이 쳐내기 시작하였다. 눈을 뜨면 해가 기울 때까지 하루하루가 일이었다. 마당이 넓다 보니 아무리 일해도 표가 나지 않았다.

가끔 밤에는 이상한 소리로 울부짖는 짐승들 소리가 섬뜩했지만, 주님께서는 그때마다 깊은 잠으로 안식하게 해 주셨다. 집은 언제 팔릴지 모르고, 오직 핸드폰만이 밖의 세상과 연락할 수 있는 유일한 필수풀이었다. 이렇게 외딴 숲 속에 홀로 산 지가 한 달이 훨씬 지났다.

매일 아침 일하러 오는 아저씨는 해가 어둑해지자 갈 채비를 하고 있었다. 갑작스레 '아저씨는 매일 새벽에 일어나면 퓨알럽이란 동네에서 한 시간 반이나 고속도로를 타고 달려오는데… 오늘 밤도 집에 가면 잠만 자고, 낼 또 새벽같이 달려올 텐데…' 하는 생각이 들었다. 나는 불쑥, "아저씨, 오늘 밤 집에 가면 잠만 자고 내일 새벽에 와야 하는데 그냥 여기서 주무시지요."

너무나 당당하게 거침없이 말하는 내게 화들짝 놀라며 눈을 크게 뜬 아저씨는 "그래도 돼요?" "네, 저기 끝 방에 가서 씻고 주무세요." 아무 생각 없이 나도 내 방에 가서 습관적으로 문을 잠그고 씻은 후 잠옷으로 갈아입었다. 하루의 모든 피로를 푸는 시간, 사랑하는 임, 나의 주님, 하나님 아버지를 만나는 일과가 내게는 남아있었다.

목소리 높여 주님을 찬양했다. 성령님의 이끄심을 따라 오래도록 찬양하며 넓은 침실에서 손을 들고 춤도 추며 말씀을 묵상하다 자연스럽게 기도로 들어갔다. 주로 방언 기도를 하고, 주님을 강력히 만날수록 시간도 길어지고, 소리도 높아지고, 통곡도 커진다. 한참을 주님과 함께 찬양하다, 울다, 기도하다, 선포하는데 밖에서 무슨 소리가 들리는 듯 하였다. 잠시 조용히 귀를 기울였다.

"저기요, 저기요, 저기요~~."

문밖에서 일하는 아저씨의 목소리가 들렸다. 나는 문 앞으로 갔다.

"왜 그러세요?"

"저, 갈래요."

"왜요?"

"무서워요."

"그래요? 그러세요. 가세요."

이미 밤 열두시가 넘었다. 다시 기도하며 찬양을 시작했다. '근데 저 아저씨, 이 늦은 밤에 왜 갔지… 뭐가 무서웠을까?' 고개를 갸우뚱했다. 잠시 후, 아~~나는 혼자 깔깔 웃었다. '맞아! 그랬을 거야!'

그때 내 나이는 53살, 그래도 봐줄 만하고, 예쁘다는 소리를 들을 때였다. 묘령의 여인이 홀로 외딴 숲속에 산다. 어느 날 자고 가란다. 깊은 밤, 방에서는 노랫소리가 났다.

"오로 랄라 알라 리미아나 아라리아리~"

알아들을 수 없는 주문 같은 소리를 한참 내더니 서럽게 통곡을 하며 운다. ㅋㅋㅋㅋ 진짜 무서웠겠다! 걸음아 날 살려라 도망쳤을 아저씨를 생각하며 하나님께 웃으며 감사했다.

"하나님 아버지, 제가 단순하여 뒷생각 안하고 젊은 남자를 외딴 집에서 자고 가라고 했네요. 그 사람은 못 고치는 것이 없는 재주꾼(Handyman)이던데 마음만 먹으면 그까짓 문 하나 못 열겠어요. 방언 기도가 그 사람에게 두려움을 주고 도망가게 하셨군요. 다시는 그런 바보 같은 짓 안 하겠습니다."

다음날 아저씨가 무서워서 안 오면 어쩌나 했는데 돈을 다 안 받아서인지 왔다. 이 사건은, 멍청한 내 행동이 너무나 부끄러워 아무에게도 말하지 못했었다. 그러나 이제는 두고두고 웃고 이야기할 수 있는 에피소드가 되었다.

> 주님께서 나를 돕지 아니 하셨다면 내 목숨은 벌써 적막한 곳으로 가버렸을 것이다(시 94:17)

페인트 기적

2001년 9월 11일, 주위에 아무도 없는 나홀로 생활을 계속하고 있었다. 그동안 하나님 아버지와의 만남은 실로 매일 눈물의 감사 기도와 평화와 안식이었다. 아침이면 사슴 가족이 앞마당까지 찾아 왔다. 아기 사슴은 정말 귀엽고 사랑스러웠다.

아침에 큰 며느리의 전화를 받았다. 뉴욕 쌍둥이 빌딩이 테러리스트의 공격을 받아 무너지고 수많은 사람이 죽었다고 했다. 이런 재앙이 또 있을까! 세상이 뒤집히는 것과 같은 일이 벌어진 것이다. 밖에서 무슨 일이 일어나고 있는지, 나만 아무것도 모르고 있었다.

온 세계가 뒤집힐 듯한 911사태로 부동산 경기는 완전히 얼어붙어 집을 보러 오는 사람은 한 사람도 없었다.

> 내 하나님이여 내 하나님이여 어찌 나를 버리셨나이까 어찌 나를 멀리 하여 돕지 아니하시오며 내 신음 소리를 듣지 아니하시나이까 내 하나님이여 내가 낮에도 부르짖고 밤에도 잠잠하지 아니하오나 응답하지 아니하시나이다(시 22:1, 2)

2001년 11월 15일, 이렇게 생활한지 3개월째다. 많이 울었다. 사람이 그리워서가 아니라 아무리 기도해도 응답이 없자 서러워 울었다.

눈물, 콧물, 코피까지 쏟아가며 부르짖고 기도하고 나면, 다음날 손바닥에 금가루가 반짝거렸다. 반짝반짝! 화장품에 무슨 금가루 성분이 있나, 혹시나 입은 옷에 금박이가 붙어있나, 성경책에서 금박이 묻었나…, 신기해서 자세히 들여다보곤 하였다. 그러나 그러한 일이 매일 있는 현상은 아니었다. 특별히 위로가 필요할 때 나타나는 현상이었다. 어느 때는 다른 사람을 위해 간절히 기도해 줄 때 상대방에게도 반짝거리는 금가루를 쉽게 발견할 수 있었다.

이와 같은 현상에 대해 글을 쓴다는 것은 상당한 오해를 받을 수 있다는 것을 안다. 나는 금가루가 몸속에서 솟아 나는지, 위에서 안 보이게 떨어지는지 알지 못하며 언제 사라지는지… 매우 궁금하다. 이 같은 현상은 구원과도 무관하며, 믿음의 척도와도 무관하다. 우리의 지성이 하나님이 행하신 일들을 어찌 다 이해하겠는가? '그냥 그렇다. 그런 것도 있구나!'정도로 생각하고 큰 의미를 두지 않기를 바란다. 아마도 내게는 적막한 집에 홀로 주님만 바라고 사는 삶이 불쌍해서 "내가 너와 함께 있다. 아무것도 두려워하지 말라"고 말씀하시는 것 같았다.

돈을 아낀다고 내부 페인트를 칠하지 않으려고 했었다. 그러나 부동산에서는 이렇게 더럽혀진 상태로 집 팔기가 어렵다고 하였다. 일하는 아저씨한테 더러운 곳만 덧칠해 달라고 부탁을 해봤다. 페인트 아저씨는 "만일 덧칠을 한다면 더 흉합니다. 아무리 같은 색을 칠한다고 하더라도 이미 오래 되어 낡은 색과는 맞출 수가 없습니다." 하며 고개를 저었다.

어느 날 건축자재상을 갔다. 흰색이 그렇게 많은 종류가 있는지 몰랐다. 주님께 여쭈었다.

"주님, 이렇게 열 가지도 더 되는 흰색 종류에서 어느 것을 살까요?" 기도하며 깡통 하나를 집어 들었다. 붓과 몇 가지 필요한 도구들을 샀다. 100불이 조금 덜 들었다. 그날 오후 부동산 아저씨와 할아버지 한 분과 함께 깡통을 뜯어 얼룩진 곳을 조금 칠해보았다. 세상에! 완벽하게 동일한 색이었다. 온 집을 돌아다니며 자그마한 얼룩진 곳까지 찾아 신나게 칠을 하고 다녔다. 어느 곳을 덧칠했는지 분간이 안 되었다. 완전 새집처럼 되었다. 부동산 사장과 할아버지 모두가 기적이라며 손뼉을 치며 놀라워 했다.

나는 지금도 궁금한 게 있다. 내가 깡통을 살 때 하나님이 같은 색을 골라 주셨을까? 혹은 칠하는 그 순간 색을 맞춰주셨을까?

오병이어의 기적은 처음부터 떡과 고기가 많아졌는지? 나눠 줄 때 자꾸만 생겼는지…

> 예수께서 떡을 가져 축사하신 후에 앉아 있는 자들에게 나눠 주시고 물고기도 그렇게 그들의 원대로 주시니라. 그들이 배부른 후에 예수께서 제자들에게 이르시되 남은 조각을 거두고 버리는 것이 없게 하라 하시니라. 하시므로 이에 거두니 보리떡 다섯개로 먹고 남은 조각이 열두 바구니에 찼더라(요 6: 11-13)

이런 일을 다 해 주시는 주님은 왜 나를 이 집에 붙잡아 놓고 계시는지 알 수가 없었다. "아버지~~ 이 모든 일을 주님이 직접 일하고 계신

데 집은 왜 안 팔아 주시나요? 안 팔아 주시려면 왜 이런 일은 하셨어요?" 이유가 있으시겠죠? 이제 이 집 파는 문제를 내려 놓겠습니다.

나는 집이 팔리지 않는 것 때문에 낙심하기보다, 나에게 하나님이 고개를 돌리고 있다는 데에 더 실망하고 울었다. 다윗의 안타까운 부르짖음은 곧 나의 부르짖음이었다.

> 여호와여 내가 소리 내어 부르짖을 때에 들으시고 또한 나를 긍휼히 여기사 응답하소서(시 27:7)

매일 집을 팔기 위해 온 힘을 다해 기도하는데 어쩌면 한 사람도 집 보러 오는 사람이 없는지 기가 막혔다.

> 여호와여 내 기도를 들으시고 나의 부르짖음을 주께 상달하게 하소서 나의 괴로운 날에 주의 얼굴을 내게서 숨기지 마소서 주의 귀를 내게 기울이사 내가 부르짖는 날에 속히 내게 응답하소서 내 날이 연기 같이 소멸하며 내 뼈가 숯 같이 탔음이니이다 내가 음식 먹기도 잊었으므로 내 마음이 풀 같이 시들고 말라 버렸사오며 나의 탄식 소리로 말미암아 나의 살이 뼈에 붙었나이다(시 102:1-5)

주가 하셨네

복덕방 아저씨는 외딴집에서 혼자 사는 내가 가여웠는지 집을 반값에 다시 내놓으라고 했다. "아니요! 이 집은 하나님께서 팔아 주셔야 팔릴 것이며, 아버지가 허락하지 않으시면 아무리 헐값에 내놓는다 해도 팔리지 않을 것입니다." 바로 그날 미국 부동산 사장이 백인 부부를 데리고 3개월 만에 처음 집을 보러 왔다. 엘리야가 기도할 때 하늘에 뜬 손바닥만 한 구름을 보고 큰비가 올 것을 예상했듯이 그 사람들이 다녀가고 난 후, '이제야 하나님께서 일하기 시작하시는구나' 하는 믿음이 왔다.

2001년 11월 16일, 드디어 하나님께서 일하시기 시작하셨다. 밀고 당기는 가운데 계약이 성사되었다. 부동산 사장은 부동산 20년 동안 이런 오퍼는 처음 본다고 놀라워했다. 더욱이 이 일이 하나님께서 하신 일이라고 확신하는 이유는 일시불 현금 지불이라는 점이다. 미국은 일반적으로 집을 살 때 은행에서 융자를 받는다. 신용이 나빠 융자가 안 나올 경우에는 자동 해약이 된다. 그리고 집이 계약되면 잔금 전에 전문기관에서 나와 집을 점검한다. 그런데 집 검사를 안 하겠다(No, inspection)고 했다. 지은지 50년이 넘는 시골집을 검사 없이 산다는 것은 거의 없는 일이다. 하나님께서는 이 두 가지 기본 조건을 그냥 뛰어넘게 하셨다. 그 집은 물도 수돗물이 아니라 우물물을 양수기로 퍼 올려서 사용하며, 하수도도 옛날에 한국에서 사용하던 정화조를 사용했다. 이러한 모든 것을 조사하여 합격이 되어야지만 집을 사고, 판다고 볼 수 있다. 그런데 이 모든 것을 검사하지 않겠다는 것이다. 정말 신기하지 않은가?

"하나님 아버지 감사합니다. 제 애간장을 이토록 태우시더니 이제야 일하기 시작하시는군요. 왜 꼭 그렇게 하셔야 했나요? 주님!"

잠시 후 예수님께서 겟세마네 동산에서 땀방울이 핏방울처럼 떨어지며 기도를 하시는 장면이 떠올랐다. 예수님도 인간적으로는 "이 잔을 내게 서 옮기소서" 하셨지만 "내 뜻대로 마옵시고 아버지의 뜻대로 되기를 원하나이다"(눅 22:39-46) 하며 자기의 원하는 것을 포기하고 눈물로 기도하셨다. 이것보다 더 강력한 기도의 가르침은 없다.

우리 기도에 문제가 있을 때 문제 해결에만 초점을 두어서는 안 된다. 모든 주권을 전적으로 그분께 드려야 한다. 오로지 여종이 주인의 손을 바라보듯 겸손함과 애절함으로 주님을 바라보아라.

> 상전의 손을 바라보는 종들의 눈같이 여주인의 손을 바라보는 여종의 눈같이 우리의 눈이 여호와 우리 하나님을 바라보며 우리에 게 은혜 베풀어 주시기를 기다리나이다(시 123:2)

아무리 돌아보고 생각해 보아도 꿈만 같은 일이 일어났다. 보통 계약하고, 잔금 치르고, 명의 변경까지 최대한 빨리해도 한 두 달 걸리는 것이 통상적인데 2주 안에 끝난다니, 아버지께서 하시는 일은 언제나 우리의 상상을 초월하신다. 일만 불 계약금을 걸었으나 100% 안심할 수 없었다. 왠지 긴장되고 불안했다. "하나님 아버지, 2주 만, 앞으로 2주 만 잔금 치를 때까지 도움의 손을 거두지 마소서!"

믿음이 없는 자여!

2001년 11월 22일 하나님께서는 마지막까지 그분을 신뢰하며 의지하는 것을 다시 가르치시기를 원하셨다. "오!! 아버지 난 몰라요. 어떻게 해요. 큰일 났어요."

3일 동안 계속 많은 비가 내렸다. 얼마 전 잡풀이 많이 자라 도저히 잔디 깎는 기계로는 해결이 안돼 하는 수 없이 불도저를 빌려다가 밀었더니 앞이 확 트이고 아주 사원해졌다. 그러나 땅은 밀어버린 만큼 낮아졌다. 낮아진 곳에 계속 비가 오니 넓은 땅은 호수가 되어버렸다. 그 뿐인가! 어디서 왔는지 물오리 떼 30여 마리가 꽥꽥 소리를 내며 물놀이를 하고 있었다. 아뿔싸! 하필이면 그 시간에 바이어에게서 전화가 왔다.

"안녕하세요? 리사, 잔금 치르기 전에 집을 한 번 더 둘러보고 싶은데 잠시 둘러봐도 될까요?" 나는 너무나 당황했다.

"Oh! NO, 나, 지금 나가야 돼요!"

"OK, 다녀오세요. 우리는 밖에만 둘러볼 것입니다."

지금 문제는 밖인데, 두려움이 몰려왔다. 베드로가 파도를 보고 두려워 떨었던 심정을 실감할 수 있었다. 무릎을 꿇고 하늘을 향해 "하나님 아버지!" 급히 불렀다.

"아버지~ 큰일 났어요. 큰일 났어요. 그 사람들이 보면 당연히 해약하자고 할텐데 이제 이 집은 다 팔았습니다. 아이고, 난 몰라요."

미국의 자연보호법은 물에서 사는 동식물이 서식할 경우 젖은 땅(Wet land)이라고 군청에 등록된다. 그러면 그 땅에는 아무것도 지을 수 없고 어떤 용도로도 사용할 수가 없다. 결국 페널티 없이 해약될 수밖에 없다. 얼마 동안 손을 들고 기도하는 가운데 가슴에 평강의 물결이 밀려왔다.

"믿음이 작은 자여! 내가 너냐? 내가 시작한 일에 왜 그리 염려하느냐?"

"아, 네~ 아버지, 저의 믿음 없음을 용서하세요. 그렇지요. 아버지가 하시는 일인데 제가 잠시 주님께 시선을 떼고 파도를 보고 두려워하다 물에 빠진 베드로처럼 두려움을 가졌습니다. 용서해 주세요."

매수자를 피하려고 외출을 한 사이에 그들은 왔다 갔다. 그들은 마당의 오리도 보았다. 그러나 하나님께서는 이미 그들의 마음을 만져 놓으셨다. 놀랍게도 매수인은 "물 빠지는 곳을 만들지 않았군. 우리가 물길을 내면 되겠네. No, problem" 하더란다. 나는 다시 한번 하나님 아버지께 눈물로 감사를 드렸다.

> 내 영혼아 여호와를 송축하라…그의 모든 은택을 잊지 말지어다
> (시 103:1, 2)

더욱 진한 하나님 사랑

2001년 11월 24일, 내일은 이사하는 날이다. 다시 원래의 집으로 들어가야 한다. 하나님께서는 짐 트럭을 붙잡아주셨고, 미국에 도착하자마자 다음 날 아침 트럭을 만나 이 집에 들어오게 하셨다. 그날부터 시작해서 내일 손을 털고 이곳을 나가기까지 헤아려보니 꼭 백일이다. 하루도 모자라거나 남지 않는다.

백일 동안 하나님 아버지만 바라보며 웃고 울고 말씀을 듣고 읽고

쓰고 했다. 잠자는 시간에는 주님께서 많은 영적인 꿈을 주셨다.

이토록 하나님 아버지는 백일 동안을 오로지 주님과 동거하며 친밀한 교제 가운데 머물기를 원하셨던 것이다. 나는 하나님의 계획하신 시간과 뜻이 있음을 모르고 내 시간과 내 입장만 세우며 사랑하는 하나님, 나의 아버지를 엄청나게 괴롭혔다는 사실을 깨닫게 해주시자 몸 둘 바를 모르고 울었다.

내가 아무리 하나님 아버지를 사랑하며 갈망한다고 해도, 하나님 아버지가 보고 싶다고 울며불며 종일 고백한다고 할지라도, 하나님 아버지! 그분의 사랑과는 비교가 되지 않음을 새삼 느끼게 되었다. 그분! 온 우주 만물 가운데 가장 뛰어나고 높으신 하나님, 그분이 오히려 나를 갈망했다고 감히 표현할 수밖에 없다. 나와 함께 있고 싶어서 능력의 손을 펴지 않으시고 백일 동안을 참으셨다는 사실이 가슴으로 깊이 스며들었다. 너무 감사하고 나의 연약함이 너무 죄송해서 가슴이 미어지는 아픔을 표현할 수 없어 그냥 울고 또 울었다.

하나님 아버지께서는 내가 혹여 넘어져 아주 엎드러지고 일어나지 못할 세라 이 모양, 저 모양으로 돌보셨다. 또한 다양한 기도 응답을 주시며 하나님의 사랑을 확인시켜 주셨다. 적막한 외딴집에서 하나님 아버지와 동거하던 백 일은 지나고 보니 참으로 행복한 시간이었다. 그동안 부족한 딸과 깊고 깊은 교제를 원하셨던 아버지의 마음을 이제야 깨달았다. 이사는 부동산업자 크리스의 소개로 학생 두 명이 알바로 도와주었다. 이삿짐 트럭을 빌려서 내가 직접 대형 트럭을 운전했다. 한국에서는 상상도 못할 일이었다.

> 1 예수께서 그들에게 항상 기도하고 낙심하지 말아야 할 것을 비유 로 말씀하여 …
>
> 7 하물며 하나님께서 그 밤낮 부르짖는 택하신 자들의 원한을 풀어 주지 아니하시겠느냐 그들에게 오래 참으시겠느냐(눅 18:1, 7)

Karis! 나의 손녀

큰 며느리 소영이는 덕이 있는 현숙한 여인이다. 소영이는 첫째 아이 임신 후 4개월째 태아가 피를 못 만든다는 기막힌 사실을 알게 되었다. 슬퍼하는 며느리를 위로 하느라 침착해야 했다.

"아기는 머지않아 자연스럽게 하나님 나라에 갈 터이니, 다음 아기를 잘 나면 되니 너무 상심 하지 말거라"

그런데 큰 아들과 며느리는 이미 정상아를 낳을 수 없다는 판정에도 하나님이 주신 생명이라며, 최선을 다해 아기를 살리고 낳겠다고 했다. 나는 후일, 아기의 인생을 생각해서 결사적으로 만류를 하였다.

"어머니, 하나님이 불구를 주시면, 주시는 이유가 있을 겁니다."

비장한 각오로 말하는 저들을 위해 할 수 있는 것은 오직 눈물의 기도밖에 없었다. 태아는 피를 못 만들 뿐 아니라, 이미 병들어 다운증후군에, 언챙이고, 오른쪽 발목이 돌아갔다는 것이었다. 이럴수가! "하나님, 제게 왜 이러십니까? 제 아들 하나로 부족합니까?" 울고 , 불고, 따지고….

놀라운 사실은, 나는 첫 아들이 장애가 있다는 것을 알고는 세상이 무너지는 것처럼 죽는다고 난리를 쳤었다. 그러나 아들과 며느리는 모든 주권을 하나님께 드리고, 전도사로 섬기는 교회와 신학교에 중보기도를 요청했다. 그리고 생명 걸고 뱃속의 아기에게 마취도 못한 채 배꼽으로 탯줄을 통해 피를 주기 시작했다. 이것이 바로 우리를 살리기 위하여 모든 물과 피를 흘리신 예수님의 십자가 사랑이 아니던가!

유난히도 어리고 자그마한 동양인, 신학대학원 학생 부부가 보인 생명의 존엄성에 놀란 의료진들은 최선을 다해 태아에게 피를 수차례 수혈해 주었다. 7개월이 넘어 다시 피를 주어야 하는데 결국 실패하고 수술로 아기를 출산했다. 기적이 일어났다! 하나님께서는 아름다운 아기를 세상에 보내 주셨다. 시험을 통과한 아브라함에게 하신 하나님 말씀이 생각났다.

> 내가 이제야 네가 하나님을 경외하는 줄을 아노라 (창 22:12)

예상 밖으로 아름다운 정상 아기가 세상에 나오자 온 병원은 난리가 났다. 간호사들은 서로 아기의 담당자가 되려 했고, 의사들은 병원 특실에 가득 꽃바구니들을 보냈다. 학생 보험 환자인데도 엄청 좋은 특실에 공주님 대우를 받게 해 주었다. 할렐루야! 또한 병원에서는 이 아기를 기적의 아기(miracle baby)라고 불렀다. 아들은 아기에게 Karis(은혜)라는 이름을 지어주었다.

Karis는 7살이 넘도록 동생이 없었다. Karis는 모든 발육이 다른 아이들에게 비해 뒤졌다. 그리고 자라면서 아이의 지능이 조금 모자란다는 사실을 알게 되었다. 그럼에도 아들 며느리는 하나님께 감사하며 지극 정성을 다해 아이를 키웠다. 우리는 둘째 아기를 주시길 기도했다. 어느 날, 하나님은 며느리가 7년만에 임신했다는 기쁜 소식을 듣게 해 주셨다. 그리고 이 날부터 성령께서는 필사적으로 기도해 주라는 감동을 주셨다.

며느리가 임신한 9개월 동안, 나는 선교를 위해 중국, 한국, 미국으로 바쁘게 다녔다. 낮과 밤이 바뀌고 시차가 가는 곳마다 달랐지만, 신실하게 하나님과, 며느리와의 약속된 기도 시간을 1분도 어김없이 지킬 수 있었던 것은 성령님의 전적인 도움이었다.

'생명의 주관자인 하나님! 간절히 기도를 드립니다. 하나님께서는 우리의 모든 장기를 지으셨고, 모태에서부터 우리를 만드셨나이다. 우리의 형질이 이루어지기 전부터 주님께서는 우리를 보고 계셨습니다. 건강하고 예쁜 아기를 무사히 출산하게 해 주십시오.' 머리카락부터 발끝까지 모든 장기들의 이름을 일일이 부르며 축복을 하였다.

기도대로 하나님께서는 예쁜 둘째 딸을 선물로 주셨다. 이렇게 기도의 열매로 태어난 아기는 얼마나 아름답고 영특한지 오늘날 가문의 영광이 되었다. 나는 Chloe(예은)를 볼 때 마다 기도의 위력과 하나님의 완벽한 걸작품이라는 생각이 들 정도이다.

> 주께서 내 내장을 지으시며 나의 모태에서 나를 만드셨나이다 내 형질이 이루어지기 전에 주의 눈이 보셨으며 나를 위하여 정한 날이 하루도 되기 전에 주의 책에 다 기록이 되었나이다(시 139:13, 16)

나는 이 정도에서 손녀딸 이야기를 마칠 수가 없다. 지적장애가 있는 Karis에게 하나님이 행하신 큰 일을 나누지 않을 수 없기 때문이다.

Karis는 장애자 반에 들어가면 너무 똑똑하고 정상반에 들어가면 너무 힘들어하는 수준이었다. Karis는 천사의 마음을 가졌다. 언제나 자기보다 연약한 장애자를 보면 끝까지 곁에서 이들을 돌봐 주었다. 아들부부는 아이를 정상반에 넣고 22살이 되어 고등학교 졸업장을 받게 하며 행복해하였다. "어머니, 우리 Karis가 드디어 고등학교를 졸업하였어요! 정식 졸업장을 받았어요. 얼마나 감사한지 몰라요," 아이가 남들보다 4년이나 학교를 더 다녀도 아들내외는 불평하거나 한숨 쉬는 것을 본적이 없다.

좋으신 하나님은 또 기적을 만드셨다. Karis가 고등학교를 졸업하는 그 해에 미국에 신기한 법이 생겼다. UC, DAVIS 라는 명문 주립 대학교에서 전국의 지적 장애자 중 12명을 뽑았다. 이들에게 특수 교육에 인턴 까지 시킨후, 전문인을 만들어서 당당하게 사회생활을 할 수 있게 하는 프로그램이다. 하필 Karis가 고등학교를 졸업하는그해에 처음으로 미국에서 시도되었다는 사실이 과연 우연 일까? 하나님은 어찌 그리도 정확 하신지… 마치 우리 Karis를 위해 이 법을 만드신 것 같았다. 그것도 4년 동안 장학생이라니! 거대한 나라 미국에서 12명 뽑는데 뽑힐 수 있었다는 것 역시 하나님이 행하신 기적이 아니고 무엇이겠는가! 이처럼 하나님의 계획은 우리의 끊임없는 신뢰와 기도를 통해서 이루어지고 있다. 나는 그 아이의 미래를 생각하면 지금도 저절로 웃음과 감사가 나온다. "장하다 사랑하는 며느라! 아들아!"

너는 범사에 그를 인정하라 그리하면 네 길을 지도하시리라

(잠 3:6)

명령과 선포

온 우주 만물은 하나님의 명령과 선포로 이루어졌다. 그리하여 하나님의 형상으로 지음 받은 우리의 혀에는 주님이 주신 권세가 있다. 우리가 기도할 때 그 기도가 이루어질 것을 믿음으로 바라보며 명령하라.

하나님이 이르시되 빛이 있으라 하시니 빛이 있었고…(창 1:3)

하나님이 무엇이든지…'라~ '할 때 마다 그대로 되었다. 하나님은 우리에게 "부르짖어 기도하라!" 할 때가 있고 "명령해라!" 할 때가 있다. 모세가 홍해 바다 앞에서 원망하는 이스라엘 백성들로 인해 주님께 부르짖을 때 하나님은 다음과 같이 말씀하셨다.

여호와께서 모세에게 이르시되 너는 어찌하여 내게 부르짖느냐 이스라엘 백성에게 명령하여 앞으로 나아가게 하고 지팡이를 들고 손을 바다 위로 내밀어 그것이 갈라지게 하라(출 14:15, 16)

예수님도 기적을 행하실 때 명령과 선포를 하셨다.

"중풍병자에게 "네 자리를 들고 걸어가라"

야이로의 죽은 딸에게 "소녀야, 일어나라"

나사로의 무덤 앞에서 "나사로야, 나와라!

> 죽고 사는 것이 혀의 힘에 달렸나니 혀를 쓰기 좋아하는 자는 혀의 열매를 먹느니라(잠 16:21)

물 새는 것은 정지될지어다

하나님은 도심을 벗어나 산수가 아름다운 곳에서 마음껏 주님께 부르짖고 예배할 수 있는 곳에 장막을 주셨다. 뒷마당 앞으로 강물은 힘찬 소리를 내며 흐르고, 강 뒤편 건너 우뚝 솟은 바위산에는 구름이 쉬어 가고는 했다. 특히 주말이면 손주들이 와서 물장난을 치며 까르르, 까르르 웃는 소리가 나를 행복하게 했다.

나는 선교사가 되는 것이 꿈이었다. 이름없이 빛도 없이 남들이 알아주지 않는 곳에서 예수님 전하며 살다가 죽고 싶었다. 그리하여 시애틀 변두리 먼로라는 작은 도시에 있는 예수전도단 본부에서 DTS(Discipleship Traing School 제자 훈련학교) 선교사 훈련을 받고자 6개월간 집을 떠나야 했다.

2주에 한번 외박 허락을 받고, 다음날 떠날 준비를 하며 창문 밖으로 유유히 흐르는 강물과 그 뒤에 우람한 자태의 산허리를 두르고 있는 구름을 만끽하고 있었다. 그런데 어디서 똑, 똑, 똑 물 떨어지는 소리가 들렸다. 소리 나는 곳을 찾아갔다. 1층 화장실 천장 팬 구멍에서 물이 한 방울씩 떨어지고, 바닥은 흥건히 젖어 있었다. 얼른 대야를 밑에 놓고 바닥을 닦았다. "큰일났네 빨리 제자훈련학교로 들어 가야 하는데… 어쩌면 좋아~~" 전화번호 책을 찾아 가장 빨리 올 수 있는 사람을 불렀다. 백인 남자가 와서 2층을 올라가 보고 이것저것 살펴보더니 모르겠다며 배관을 따라 벽을 "깨 봐야 알겠다고 했다. 예전에 작은아들이 경영하던 레스토랑 하수도가 막혔을 때, 바닥을 깨기 직전 주님이 천사를 보내어 뚫어주었던 사건이 생각났다. '이 사람들 자기 집 아니라고 툭하면 깨자고 하네~~ 곧 이어 예수님 말씀이 생각났다.

> 내가 진실로 너희에게 이르노니 이 산더러 들리어 바다에 던져지라 하며 그 말하는 것이 이루어 질 줄 믿고 마음에 의심치 아니하면 그대로 되리라 (막 11:23)

본문 말씀을 묵상해 보았다. 예수님은 우리에게 산에 관해서 하나님께 기도하라고 하지 않으시고, 직접 산에게 명령하라 하셨다.

나는 2층 욕실이 새는 것은 아닐까해서 2층에 올라가 바닥을 짚고 엎드렸다.

"하나님 아버지" 지난 번 레스토랑 하수도가 막혔을 때 바닥을 깨야 한다는 것을 깨지 않고 뚫어 주신 하나님 아버지, 이번에는 벽을 깨야 한다네요. 이렇게 새로 단장해서 깨끗한 집을 어떻게 깨요? 지난번에 보내 주셨던 천사를 다시 보내 주세요. 물 새는 곳을 막아주세요." 그리고 강력하게 명령했다. "내가 하늘과 땅의 모든 권세를 가지신 예수님

이름으로 명령한다. 물 새는 것은 정지될지어다! 정지될지어다! 정지되어라!"

나는 빨리 훈련학교를 가야 했다. 물은 여전히 떨어지고 있었다. 큰 대야를 받쳐 놓고 주님이 책임져 주시리라는 믿음을 갖고 떠났다. 2주 후 집에 다시 올 수 있었다. 대야가 넘쳐 온 바닥이 물바다가 되었을까요? 하나님께서는 말씀을 붙들고 명령하며 구체적으로 천사를 보내주시기를 간절히 기도하자 그대로 응답해 주셨다. 15년이 지난 지금까지 물은 한 방울도 새지 않았다. 하나님께서는 난감한 현실 앞에서 믿음으로 기도하고, 명령하며 선포하게 하셨다. 그리고 믿음을 행동으로 옮길 수 있도록 도와 주셨다. 기적은 믿고 행동을 보여드릴 때 일어난다. 홍해는 발을 물속에 넣을 때 갈라졌다.

믿음의 행동이란 과연 무엇일까? 일반적으로 사람들은 "믿습니다!" 하면서도 정작 만약을 대비하여 1, 2, 3 차선책을 둔다. 나는 40분 정도 거리에 살고 있는 작은아들에게 나 없는 동안 물새는 것을 좀 봐 달라고 한 마디 부탁도 하지 않았다.

차선책을 두지 않았다. 이것을 뛰어 넘는 것이 믿음이다.

명령과 선포로 온 우주만물을 지으신 하나님은 모든 권세를 우리에게 주셨는데 우리의 지성이, 하나님의 일을 방해할 때가 많다. 단순함을 사랑하라. 주님이 명령하시며 시범을 보여 주셨으니 그대로 명령하라!

허리뼈야! 제 위치로 돌아가라

2016년, 오래전부터 허리에 통증이 있었다. 허리통증으로 인하여 분당 자생한방병원에 가서 검사를 받았다. 점점 허리뼈의 간격이 좁아지기 시작하여 아픈 것이라고 했다. 이후로 성령께서는 언제나 나의 기도 마지막에는 머리부터 발끝까지 나 자신의 몸을 축복하게 하셨다. "허리뼈야! 하나님이 창조하신 원래의 모습으로 돌아가라! 좁아진 허리뼈는 넓어질지어다!" 매일 이렇게 선포하며 기도하였다. 2년 전 가벼운 교통사고로 분당 자생한방병원을 다시 갔다. 몇 년 전 찍은 X레이와 비교한 의사 선생님은 이상한 듯 고개를 갸우뚱했다. "이상하네요. 요추 4, 5번 간격이 넓어졌네요. 1mm 조금 넘게 넓어졌어요. 무얼 하셨나요? 이 나이에 현상 유지만 되어도 잘 관리하신 것인데 무얼 하셨어요?" 미소만 짓고 있는 내게 계속 질문을 하였다.

"아~~ 네, 스트레칭을 좀 했습니다."

"아~ 네."

잠시 후 하나님께 영광을 올려드려야겠다는 생각이 들었다.

"저~ 사실은 기도하였어요."

"아~~~ 네~~."

의사 선생님은 자기도 교인이라고 했다. 우리 몸은 주인의 말을 듣게 되어있다.

또 한 번은 안경 도수가 안 맞는 것 같아 다니던 분당 안과를 갔다. 들리는 말이 박사논문을 쓰고 나면 안경 도수를 바꿔야 한다고 해서 때가 됐나 보다고 생각했다. 1년 전 안과 가서 체크했을 때는 백내장이 있으니 상황을 봐서 수술하자고 했었다. 이후 성령께서 기도 때마다 나의 눈과 몸에게 명령하고 선포하게 하셨다.

> 모세가 죽을 때 나이 백이십 세였으나 그의 눈이 흐리지 아니하였고 기력이 쇠하지 아니하였더라(신 34:7)

"이 말씀대로 나의 달려 갈 길을 다 간 후 이 땅을 떠나는 순간까지 나의 눈은 흐려지지 않을 것이며, 나의 기력은 쇠하지 않을 것을 선포하노라!" 매일 이같이 말씀을 선포하며 명령하였다.

그리고 깜짝 놀랄 만한 말을 의사로부터 들었다. "시력이 많이 좋아져서 지금 쓰는 안경이 안 맞는 것입니다. 백내장도 하나 없이 깨끗합니다." 할렐루야! 하나님께서 우리에게 입술의 권세를 주셨기 때문에 예수님의 이름으로 명령하면 그대로 이루어진다.

> 여호와의 말씀에 내 삶을 두고 맹세하노라 너희의 말이 내 귀에 들린 대로 내가 너희에게 행하리니(민 14:28)

중보기도

중보기도란 하나님과 사람 사이에 서서 문제와 아픔을 끌어안고 기도하는 것을 말한다. 중보기도야말로 예수님이 말씀하신 "네 이웃을 네 몸 같이 사랑하라"는 말씀에 순종하는 최상의 성숙한 기도다. 혹시 자신이 사랑이 없다고 가슴을 치는 분이 있다면 중보기도를 하라고 권한다. 중보기도는 극히 자기중심적인 사람이 언제나 자신의 필요만 구하던 기도에서 벗어나 다른 사람의 필요를 위해 기도하는 것이다.

중보 기도자는 때로는 보이지 않는 실체와의 두렵고 외로운 영적 전쟁을 해야 한다. 그렇다고 지레 겁먹을 필요는 없다. 우리가 진정한 중보자라면 영적 전쟁이나 어떤 저항에 부딪힐 때 오히려 내면 깊은 곳에서 알 수 없는 힘이 솟구치는 것을 경험했을 것이다. 어떤 때는 내 속에 헐크 같은 무서운 힘이 있음을 감지하기도 한다.

그러나 가끔 중보자에게도 위기가 찾아올 수 있다. 능력도, 힘도, 의지도, 자신을 위해 기도할 믿음도 약해질 경우가 있다. 그때 우리의 팔을 들어줄 중보 기도자들이 필요하다. 아론과 훌이 모세의 두 팔을 들어주었던 것처럼 우리에게도 기도의 응원이 필요하다. 그러므로 당신이 중보자가 되기를 원한다면 당신 역시 당신을 기도해주는 중보자를 두도록 하라.

중보 기도자들은 파수꾼이다. 파수꾼은 망루에 올라가 자신의 자리에 앉아 어디에 적군이 나타나는지를 살펴야 한다. 이처럼 중보자는 영적 세계에서 가장 빨리 보고 가장 멀리 볼 수 있어야 한다. 엘리야가 비 오지 않기를 구했을 때 3년 동안 비가 오지 않았고 다시 기도하자 비가 왔다. 이러한 기도를 우리도 한 적이 있었다. 하나님은 오늘날도 동일하게 역사하신다.

이 시대 사람들 마음은 지극히 자기중심적이고, 이기적임으로, 세상은 점점 각박해져가고 있다. 그러므로 진정한 중보기도자를 찾기가 매우 어렵다. 하나님은 오늘도 무너져가는 가정, 사회, 나라를 위해 기도하는 중보자를 찾고 계신다.

비는 멈출지어다!

2002년 10월 3일에 더 콜(The Call) 집회가 은혜 가운데 끝났다. 많은 사람이 더 콜 집회를 통해서 강력한 하나님의 임재를 직접 느끼고 볼 수 있었다. 잠실 주 경기장을 가득 메운 6만여 명의 젊은이들이 주님을 찬양하고 회개하고 기도하는 모습은 정말 감동적이었다.

더 콜 집회(The Call)란, 미국의 영적 지도자들이 한자리에 모여서 이 시대의 죄악을 회개하고 부모와 자녀, 세대 간의 갈등의 고리를 끊고 회복시키자는 목적으로 시작한 영적 각성 운동이다. 이 운동은 2000년부터 미국 워싱턴 DC 모뉴먼트(Monument) 광장에 10만명 이상이 모여 기도함으로 시작되었다.

더 콜(The Call) 운동은 미국 전역으로 확산하였으며 마침내 한국에까지 그 열풍이 불어왔다. 이러한 기도 운동 가운데 하나님께서는 이 시대를 향하여 강력한 경고와 회복의 메시지를 주셨다.

> 보라 여호와의 크고 두려운 날이 이르기 전에 내가 선지자 엘리야를 너희에게 보내리니 그가 아버지의 마음을 자녀에게로 돌

> 이키 게 하고 자녀들의 마음을 그들의 아버지에게로 돌이키게
> 하리라 돌이키지 아니하면 두렵건대 내가 와서 저주로 그 땅을
> 칠까 하노 라 하시니라(말 4:5, 6)

내가 섬겼던 추수반석교회는 성도 80명 정도의 작은 개척교회이지만 성령 충만한 교회였다. 이 작은 교회를 통해 하나님은 큰 프로젝트인 더 콜 코리아(The Call Korea)를 맡기셨다. 기드온 3백 용사들로 수만의 미디안 군대를 물리치게 하신 바로 그 하나님의 방법이셨다.

> 기드온이 그에게 대답하되 오 주여 내가 무엇으로 이스라엘을
> 구 원하리이까 보소서 나의 집은 므낫세 중에 극히 약하고 나는
> 내 아버지 집에서 가장 작은 자니이다(삿 6:15)
> 여호와께서 기드온에게 이르시되 너를 따르는 백성이 너무 많은
> 즉 내가 그들의 손에 미디안 사람을 넘겨주지 아니하리니 이는
> 이스라엘이 나를 거슬러 스스로 자랑하기를 내 손이 나를 구원
> 하였다 할까 함이니라(삿 7:2)

하나님은 "아버지가 하셨습니다!"라는 고백을 듣는 것을 좋아하신다. 그리하여 이렇게 거대한 일을 작은 우리 교회에 맡기셔서 이 집회가 오직 하나님이 주관하심을 만민이 알게 하셨다. 잠실 주경기장을 빌리고 음향 시스템을 갖추는데 4억이라는 재정이 들어가야만 했다. 80여 명 모이는 작은 개척 교회에서는 상상할 수 없는 거액이었다. 아

버지의 손길만 바라보고 부르짖을 수밖에 없었다.

더 콜 집회를 하나님께 올리고 중보하는 우리의 기도는 내 가정의 부를 위함도 아니요. 내 자녀의 명예를 위함도 아니었다. 오직 이 땅, 대한민국의 죄악과 부모와 자녀 세대가 서로 용서하고 세대 간의 회복을 위한 기도였다. 또한 부모 세대로부터 내려온 뿌리 깊은 상처와 조상으로부터 흐르는 저주가 끊어지기를 간절히 기도했다.

> 내 이름으로 일컫는 내 백성이 그들의 악한 길에서 떠나 스스로 낮추고 기도하여 내 얼굴을 찾으면 내가 하늘에서 듣고 그들의 죄를 사하고 그들의 땅을 고칠지라 (대하 7:14)

하나님께서는 우리의 기도를 기뻐하셨다. 집회에 필요한 모든 재정을 놀랍게 채워 주시고 넉넉히 부어 주셨다.

또한 중보자들은 "하나님, 어떻게 6만 명을 동원 하시고, 경기장을 채워주시렵니까?" 간절히 기도했다. 시간이 되니 여기 저기에서 젊은 이들이 꾸역꾸역 몰려들기 시작하더니 잠실 주경기장이 가득하게 채워지는 놀라운 일이 벌어졌다. 하나님께서는 우리가 약할수록 더욱 강함으로 역사하셨다.

잠실 주경기장은 노천 운동장이다. 10월의 태양이 너무 뜨겁지 않아야 했다. 하루 종일 뜨거운 태양 밑에 앉아서 금식하며 부르짖는 것은 위험할 수도 있기에 우리는 약간의 구름 낀 날을 구했다. 그리고 비가 오지 않기를 간절히 기도했다. 만일 비가 오면 집회는 무산되고, 사람들은 모두 흩어지게 되기 때문이었다. 그러면 그동안 눈물로 중보한 The Call Korea는 하나님의 영광을 볼 수 없게 된다.

미국에서 많은 목사님이 참석하였다. 모두 금식하며 계속 찬양과 기도와 회개로 부르짖는 기도는 땅과 하늘을 진동시켰다. 오전 시간이 지나고, 예배는 더욱 깊어져 갔다. 부모님들은 성령님의 감동하심으로 뜨거운 회개의 눈물을 흘리며 자녀들을 끌어안고 용서를 빌었다.

그런데 갑자기 하늘이 깜깜해지는 것이 아닌가? 비가 한두 방울 씩 뚝, 뚝 떨어지기 시작했다. 우리는 당황하였다. "오! 하나님 아버지 안 됩니다. 비가 오면 집회는 해산되어 버립니다. 이 일을 우리에게 맡기시고 여기까지 주님이 이끌어 오셨는데 아버지의 영광을 위해 비는 절대 오지 말아야 합니다." "비야, 물러가라! 예수님의 이름으로 명령한다."

우리 중보자들은 강대 뒤에 마련된 중보실에서 죽기 살기로 부르짖었다. 온 힘을 다해 비와 전쟁을 선포하며 기도로 막아섰다. 갈멜산에서 비 오기를 구한 엘리야의 기도 역시 이렇게 절박했을 것이다. 어느 중보자 목사님은 마치 논밭에 몰려든 새 떼를 쫓듯이 "훠이, 훠이" 하며 비를 쫓는 분도 계셨다. 몇 분 후에 뚝, 뚝 떨어지던 빗방울은 그대로 멈췄다. 하늘은 아직도 검은 먹구름이 드리워져 있었다. 먹구름 사이를 뚫고 비추는 한줄기 강렬한 햇살은 마귀의 진영을 뚫고 비추는 하나님의 승리의 빛과 같았다. 그때, 북쪽 일산에서 집회에 참석하러 오려던 어느 분에게서 전화가 왔다.

"지금 그곳을 가려고 나왔는데 비가 억수로 쏟아져요. 앞이 안 보일 정도예요, 도저히 운전을 못하겠어요." 또 남쪽 분당에서 전화가 왔다. 억수같이 쏟아지는 소낙비 때문에 올 수가 없다는 것이었다. '세상에! 이럴 수가…' 살아 계신 하나님은 잠실 경기장 위의 하늘만 닫아 놓으셨다. 하나님 아버지는 중보기도의 위력과, 당신의 능력과 존재를 우리에게 확실히 보여 주셨다. 바람과 파도를 꾸짖어 잠잠케 하신 예수님의 능력과, 해와 달을 멈추게 한 여호수아의 명령을 서울 하늘에서 보게 하신 것이다.

> 예수께서 이르시되 어찌하여 무서워하느냐 믿음이 작은 자들아 하시고 곧 일어나사 바람과 바다를 꾸짖으시니 아주 잔잔하게 되거늘(마 8:26)
>
> 태양아 너는 기브온 위에 머무르라 달아 너도 아얄론 골짜기에서 그리할지어다(수 10:12)

제9장

감사의
능력

> 아무것도 염려하지 말고 다만 모든 일에 기도와 간구로, 너희 구할 것을 감사함으로 하나님께 아뢰라(빌 4:5)

사람들은 내게 많은 간증을 가졌다며 부러워들한다. 그러나 하나님께서 삶 가운데 행하신 기이한 일들의 감사한 간증이 나오기까지는 이성적인 자아와, 하나님을 신뢰하는 믿음 사이에서 끊임없이 씨름을 해야 한다.

특별히 감사의 간증을 할 때는 더욱 겸손함으로 해야 한다. 나의 어떠함이나, 자신의 공로를 자랑하는 것이 아닌 오직 하나님의 영광만을 위한 간증이 되어야 한다. 나에게는 감사한 간증이 다른 사람의 마음을 어렵게 할 수도 있기 때문이다. 특히 재정문제를 간증할 경우에는 더욱 기도하며 시험에 드는 사람이 없도록 주의하도록 하라.

진정한 감사란 자신의 환경에 유익한 것에 감사하는 것뿐만이 아니라 고통과 어려움 가운데에서 감사하는 것이다. 이러한 감사는 하나님을 절대적으로 신뢰하고 삶에 그대로 적용하는 믿음의 행위에서만 나올 수 있다.

내게도 시련의 한복판에서 의지를 다해 감사할 때 놀라운 기적이 일어나는 경우가 여러 번 있었다. 성경은 범사에 감사하라고 말씀하고 있으나 진정 범사에 감사하기란 쉽지 않다. 그러나 감사도 훈련이다. 다윗은 사망의 음침한 골짜기를 지날 때에도 현실을 바라보지 않고 주님을 찬송하며 감사의 삶 살기를 선포하고 있다.

> 주께서 나의 슬픔이 변하여 내게 춤이 되게 하시며 나의 베옷을 벗기고 기쁨으로 띠를 띠우셨나이다 이는 잠잠하지 아니하고 내 영광으로 주를 찬송하게 하심이니 나의 하나님이여 내가 주께 영원히 감사하리이다(시 30:11, 12)

감사가 불러온 기적

이 간증 역시 감사할 수 없는 상황 가운데 힘을 다해 감사하기 시작함으로 상황을 역전시켰던 간증이다. 나 역시도 하나님께 정말 이 간증을 써야 하는지 고민을 하며 많이 망설였던 간증이었다.

2002년 11월 6일 하나님께서 전혀 예상하지 않은 방법으로 당신이 세상 모든 것의 주관자이심을 보여 주셨다. 또한 하나님을 인정하고 그분을 경험하고 싶어서 믿음으로, 순수하게 간구한 기도는 반드시 응답해 주는 분임을 알려주셨다.

어제 한국에 왔다. 아침에 일어나니, 〈롯데 캐슬 골드 분양〉이라는 커다란 현수막이 환상으로 보였다. 교회에 오가면서 눈에 띄었던 현수막이었다. 날짜가 바로 오늘인데 '이상하다. 왜 이런 것이 보이지?' 궁금해서 공사 현장으로 찾아갔다. 아파트 분양신청은 청담동에서 한다고 하였다. '청담동을 가려면 어떻게 가지?' 순간 멍청하게 서 있던 나를 주님은 어떤 사람을 만나게 하셔서 그곳까지 인도하셨다. 인산인해로 모여든 사람들을 보며 놀랐는데 밤새워 줄을 섰다는 사람들도 있었다.

　11월의 새벽 공기는 차가웠다. 이런 일에 전혀 상식이 없는 나를 보고 함께 온 사람은 청약하는 방법을 알려주고 청약금을 찾아올 때까지 기다려 주었다. 그리고 그 사람의 배려로 1분도 기다리지 않고 모델 하우스 안으로 들어가 청약을 하였다.

　그날 밤, 기도 시간에 분양사에서 준 영수증을 두 팔로 치켜들고, 주님께 보이며 기도하였다. "하나님 아버지, 오늘 무엇인지도 모르며 잠실 롯데 캐슬 주상복합아파트를 신청하고 왔습니다. 저는 당첨이 되면 돈을 버는지, 얼마나 벌게 되는지 모릅니다. 저의 관심은 450대 1이나 되는 경쟁에서 하나님 아버지의 능력으로 충분히 당첨시킬 수 있는 아버지의 능력을 보고 싶습니다. 천사를 보내서 이 반쪽을 찾아 주세요." 나는 정말 아빠의 능력을 보고 싶어 하는 어린 딸이 "아빠! 이런 것도 해줄 수 있어?" "그럼, 아빠는 뭐든지 할 수 있어!" 이러한 부녀 관계를 상상하며 간구하였다.

　이틀 후, 추첨일인데 목사님이 감옥에 있는 성도를 심방하러 가자고 하였다. 잠시 망설였으나 "내가 옥에 갇혔을 때에 와서 보았느니라" 말씀이 생각나서 추첨 현장에 가지 않았다. 하나님이 간섭해 주실 거라면 현장을 가든, 안가든, 가장 좋은 길로 인도해 주실 분이심을 믿었다.

밤늦게 집에 온 후에 뒤늦게 다른 사람을 통해서 아파트가 당첨 된 사실을 알게 되었다. 더 놀라운 사실은 그 아파트가 주상복합아파트 전체에서 몇 안되는 180도 한강을 바라볼 수 있는 최상의 아파트였다. 당첨 소식을 듣는 순간 내 입에서 튀어나오는 말이 나를 놀라게 했다. '어~~하나님이 내게 10억을 주시네…' 10억이라는 돈이 꿈과 같은 돈인데 어떻게 그 큰돈이 입에서 튀어나왔는지 모를 일이다. 하나님은 당신의 사랑하는 딸이 아빠의 능력을 보고 싶어 하자 확실하게 보여 주셨다.

1년이 지났다. 시간이 지나며 점점 올라가는 매달 붓는 불입금이 부담스러워지기 시작하였다. '큰일 났다! 공연히 하나님 아버지께 능력을 보여 달라고 했네…'

"하나님 아버지, 〈피〉가 무엇인지 모르지만 본전이라도 받고 팔게 해 주세요. 저 많이 힘들어요." 그때 〈피〉가 프리미엄의 약자라는 것을 처음으로 알게 되었다. 아마도 한국식 영어인 것 같다.

2005년 5월 2일, 2년 반 동안 하루도 빼놓지 않고 롯데 캐슬 골드, 주상복합 아파트를 놓고 기도했다. 그러나 부동산은 정부의 규제로 전혀 움직일 기미가 보이지 않았다. 거기다 82평이나 되는 초호화 아파트 구매자는 매우 드물었다. 가격도 형성이 안되었고 관심을 보이는 전화 한 통 없었다. 그래도 계속 끈질기게 기도를 했지만 하나님의 침묵은 나에게 많은 실망과 아픔을 안겨주었다. 그렇다고 포기하기에는 그동안 들어간 돈이 너무 많아 이미 늦었다. 아무리 기도해도 하나님은 모른 척 하고 계신 것 같아 많이 울었다.

그동안 아버지 하나님의 사랑과 은혜를 얼마나 많이 체험했던가! 아버지~~ 부를 때마다 언제나 후히 응답하신 하나님께 무엇 때문에 어린아이처럼 이런 일로 아버지의 능력을 보여 달라고 했는지 후회가 되었다. 그런데 플래카드를 먼저 보여주신 이는 누구였다는 말인가! 이전에 집을 팔기 위해 100일 동안 외딴집에서 기도했던 생각이 났다. '실망하지 말자. 응답을 주실 때까지 계속 기도하자. 그분은 살아 계시고 나의 기도를 다 듣고 계신다.' 만 2년 반이 지났다. 점점 버틸 힘이 없어졌다.

재정의 고통이 턱밑까지 찼다. 드디어 2년 반 만에 그토록 애타게 기다리던 전화가 처음으로 왔다. "사모님, 그 집 〈피〉 얼마면 파시겠어요?" 갑작스러운 질문에 당황했다.

"글쎄요~~ 얼마면 될까요?"

"〈피〉 10억이면 파시겠어요?" 기절할 만큼 놀라워 심장이 벌렁거렸으나 태연한 척하느라고 애를 썼다.

"사모님, 롯데 호텔 커피숍으로 4시까지 오실 수 있으세요?" "…네."

전화를 끊고 손뼉을 치며 하나님께 감사를 드렸다. Yes!! 춤을 추며 감사 찬양을 올려드렸다. 꿈인지 생시인지… '〈피〉가 10억? 이라니…. 솔직히 〈피〉를 기대한 것은 아니었었는데….'

급히 차를 몰았다. 가슴이 두근두근하는데 전화가 또 왔다. "사모님 어디쯤 오세요? 손님들 오셨는데요."

"10분 후면 도착합니다."

커피숍으로 뛰어 들어갔더니 전화했던 사람이 맞이해 주었다. 탁자에는 사람이 앉았다 간 흔적으로 커피 두 잔이 놓여 있었다. "손님들이 잠시 나갔다가 온다며 금방 나갔는데 곧 올 겁니다." 30분이 지났다. 끝내 산다던 사람들은 전화도 받지 않고 나타나지 않았다. 차를 타고 돌아오며 눈물이 났다. 얼마나 실망이 컸던지, 땅이 꺼지는 것 같았다. 성령께서 감동을 주셨다. "실망했니? 감사란, 감사할 수 없는 상황에 감사하는 것이 진정한 감사란다. 범사에 감사하라!" 말씀이 떠올랐다.

즉시로 운전대를 잡은 채 소리쳤다. "하나님 아버지 감사합니다. 감사합니다! 저는 기뻐할 겁니다. 기쁩니다!" 그러나 눈에서는 자꾸만 눈물이 흘렀다. 집에 도착할 때까지 수없이 감사함을 외치고 기쁨을 소리쳤다. 밤 기도 시간에 다시 감사와 기쁨으로 찬양하며 춤을 추었다. 처음에는 억지로 했는데 30분쯤 지나자 실제로 감사와 진짜 기쁨이 넘쳤다. 그리고 선포했다. "하나님, 더 좋은 것으로 주실 거죠?" 더 좋은 것으로 주실 주님을 찬양하며 고린도전서 2장 9절 말씀을 선포했다.

> 하나님이 자기를 사랑하는 자들을 위하여 예비하신 모든 것은 눈으로 보지도 못하고 귀로 듣지 못하고 사람의 마음으로 생각하지도 못하였다 함과 같으니라

5월 9일, 일주일이 지났다. 치유 상담을 공부하기 위해 반포에 가는 날이었다. 아침에 일어나자 '오늘은 부동산에서 전화가 올 거다' 라는 감동이 왔다. 전화가 오면 집까지 왔다 갔다 하기가 어려울 거라는 생

각이 들어 가방에 모든 서류와 도장까지 꼼꼼히 챙겨 넣었다.

나는 언제나 가장 앞자리에서 수업을 듣는다. 그런데 성령께서 또 감동을 주셨다. '하나님께서 수업을 다 듣게 하시고 끝나기 직전에 전화가 오게 할 거다. 쉽게 나가 전화 받을 준비를 해라!' 마지막 시간에는 제일 뒷자리 바로 문 앞에 앉았다. 수업이 거의 끝날 무렵 전화벨이 울렸다. 모든 일이 한 치의 오차 없이 주신 감동대로 이루어졌다.

"사모님, 주상복합 아파트 갖고 계신 것 파실 거예요? ⟨피⟩ 얼마면 되겠어요?" 지난번 부동산 사람과 똑같은 질문이었다. 잠시 생각하니 지난번엔 10억에 사람이 도망갔는데…. 그런데 입에서 다른 소리가 튀어나왔다.

"아버지, 더 좋은 것으로 주실 거죠?" 믿음의 눈으로 바라보며 선포한 생각이 났다. "11억이요. 11억이면 팔겠습니다." '야~ 너 배짱 한번 좋구나.' 기도 응답으로 신실하신 하나님은 꼭 일주일 만에 1억을 더 받게 해 주셨다. 세금과 모든 경비를 제하고 십일조만 1억을 드릴 수 있었다.

이 간증을 읽으며 혹자는 하나님이 부동산 투기하셨냐? 할까 두렵다. 나 역시 지난날을 회상하며 하나님께서 어찌 이런 방법으로 내게 재정을 공급하셨을까? 하는 생각을 해 봤다.

이즈음 주님께서는 내게 미국에서 오는 많은 강사를 섬기는 일을 맡기셨다. 이 섬김에는 여러 가지 조건이 맞아야 했다. 시간과 재정적 여유, 영어도 좀 할 수 있어야 했다. 나는 그 일을 감당함이 너무도 즐겁고 기뻤다. 공항 픽업부터 강사분들이 떠날 때까지 모든 일을 맡아 했다. 한 두 달이 아닌 1년 넘는 시간을 드렸다.

교회에 재정이 필요할 때면, 하나님은 금액과 관계없이 그 일을 내가 꼭 해야만 할 것 같은 부담감을 계속 주셔서 순종함으로 그 일을 감당했는데 정말 기쁨으로 감당했다. 많은 사람 가운데 나를 택해 주셨다는 확신으로 항상 감사가 넘쳤다. 하나님께 조건 없이 쓰임 받는 것이 행복했으며 아버지께 드리고, 또 드리고 싶었다. 아무리 그리 한다 했을지라도 아버지의 은혜를 갚을 길이 없어 "늘 울어도 눈물로써 못 갚을 줄 알아 몸 밖에 드릴 것 없어 이 몸 바칩니다." 찬양하며 늘 울었다. 작은 헌신이었음에도 불구하고 하나님은 이렇게 라도 보상해 주신 것이 아닌가 생각해 본다.

> 믿음이 없이는 하나님을 기쁘시게 하지 못하나니 하나님께 나아가는 자는 반드시 그가 계신 것과 또한 그가 자기를 찾는 자들에게 상 주시는 이심을 믿어야 할지니라(히 11: 6)

감사함으로 3만 달러

하나님은 나에게 꿈의 은사를 주셨다. 주님께서 중요한 말씀을 하실 때에는 거의 꿈으로 말씀하신다.

2005년 8월 14일, 꿈 이야기다.

장소는 시애틀 먼로(Monroe)라는 작은 도시에 있는 예수전도단

(YWAM-AIIM) 선교 센터였다. 설립자 오대원(Ross) 목사님의 숙원사업은 선교센터 빌딩을 짓는 것이었다. 누군가 땅은 기증하였으나 건물을 건축하기에는 역부족이었다. 이날 꿈속에서 성령님의 감동으로 인해 울며 이러한 고백을 하였다. "하나님께서는 내게 많은 물질을 주셨습니다. 나의 모든 것은 하나님 것입니다. 하나님께서 나의 물질을 모두 원하신다면 기쁨으로 다 드리겠습니다." 이렇게 말하는데 내 손에는 이미 3만 달러 수표가 들려 있었다.

나는 이 꿈이 진정 하나님께서 주신 꿈인가 검증이 필요했다. 며칠 전 꿈에 오대원 목사님의 안수 기도를 받았다. 다음날 또 꿈을 꾸었다. 엘렌 사모님이 많은 사람 가운데 나를 지목하여 나오라고 하더니 오랫동안 기도해 주었다. 반복되는 이런 꿈을 꾸고 DTS 끝나고 선교사가 되라는 꿈을 주셨나? 해서 선교사가 되는 일에 관심을 갖고 기도하는 중이었다. 그런데 오늘 꿈은 다른 의미인 것 같았다.

"주님이시여! 하나님께서 진정 그곳에 헌금하기를 원하시나요?" "하나님, 주님께서 주신 꿈이 확실하다면 한번 더 확인시켜 주십시오." 잠결에 기도하다 다시 잠이 들었다. 신기하게 꿈을 연속적으로 꾸었다. 오대원 목사님 집이라고 했다. 그분들이 가끔 와서 말씀도 연구하며 쉬는 곳이라고 했다. 그리고 내게 원하면 언제든지 와서 그 집을 사용하라고 하였다. 이어지는 꿈이 예사롭지 않았다.

곧바로 목사님과 사모님을 만나자고 하였다. 꿈 이야기를 하고 꿈에서처럼 감사함으로 3만 불을 선교센터 건축헌금으로 드렸다. 하나님께서 당신이 하시고자 하는 일에 나를 기억해 주시고 꿈을 통해 말씀해 주심이 너무나 감사했다. 할렐루야!

> 너희가 모든 일에 넉넉하여 너그럽게 연보를 함은 그들이 우리로 말미암아 하나님께 감사하게 하는 것이라 (고후 9:11)

더 감사함으로 10만 달러

세상에 부자들이 많건만 주님이 나의 물질을 사용하시겠다니! 생각할수록 하나님의 은혜가 감사하다.

2006년 11월 26일, 많은 크리스천들이 만나보고 싶어 하는 로랜 커닝햄 목사님이 오셨다. 아마도 추수감사절을 맞이하여 우리 베이스에 축복을 해주시고 싶으셨나 보다. 조촐하게 스태프들과 DTS 학생들이 자리를 함께하였다.

선교센터 건축은 돈이 생길 때마다 조금씩 진행하다 보니 몇 년 지났어도 아직도 해야 할 일이 너무 많았다. 로렌 커닝햄 목사님을 모시고 건축 중인 센터에서 예배를 드리기로 하였다. 커닝햄 목사님은 말씀을 전하다가 갑자기 "이 센터는 여러분의 것입니다. 우리가 먼저 심어야 합니다. 이 시간 우리 모두 눈을 감고 성령께 얼마를 센터 건축 헌금으로 드려야 할지 말씀해 달라고 기도합시다."

모두들 잠잠히 성령님 음성을 기다리고 있었다. '나야, 작년에 3만

불 헌금을 하였으니 내게는 상관없는 일이지…' 느긋하게 구경하는 마음으로 앉아 있었다. 혼자 눈 뜨고 있기가 좀 미안해서 눈을 감았다. 그런데 '10만 불!' 하는 단어가 떠올랐다. 그리고 그것은 머리에서 지워지지 않았다. 나는 종이를 달라고 해서 '10만 불 작정' 이라고 써서 헌금함에 넣었다. 내게는 10만 불이라는 돈이 없었다. 그때부터 나는 하나님께 빚을 지게 되었다. 매일 기도할 때마다 하나님! 아버지의 빚을 갚게 해 달라는 기도를 하였다. 한국에 있는 아파트를 팔아 하나님 빚을 갚으려고 부동산에 집을 내놓았어도 누구 한사람 집을 보러 오는 이가 없었다. 시간은 말없이 흘러가고 마음은 점점 초조해져 갔다.

7년 전에 시애틀 변두리 골프장 안에 집을 지을 수 있는 땅을 사 놓았었다. 그리고 까맣게 잊고 있었다. 어느 날 불이 번쩍 들어오듯 땅! 참! 땅이 있지! 작은아들과 그 땅 주변이 어떻게 됐는지 오랜만에 가서 옆집 사람을 만나고 왔다. 며칠 후 옆집 사람으로부터 자기에게 땅을 팔라는 뜻밖의 전화가 왔다. 그 사람은 우리가 달라는 금액 그대로 한 푼도 깎지 않고 땅을 샀다. 세금과 본전을 모두 제하고 정확하게 10만 불이 남았다. 하나님께서는 참으로 정확한 분이시다. 내가 잊고 있었던 땅을 생각나게 하시고 하나님 나라를 위하여 귀하게 사용하게 하신 하나님께 감사 또 감사를 드린다.

> 나와 내 백성이 무엇이기에 이처럼 즐거운 마음으로 드릴 힘이 있었나이까 모든 것이 주께로 말미암았사오니 우리가 주의 손에서 받은 것으로 주께 드렸을 뿐이니이다 (대상 29:14)

제10장

기도 응답의
장애

당신은 온 마음과 뜻을 다하여 기도했으나 응답받지 못하여 낙심한 적은 없었는가? 새벽기도, 철야기도, 금식기도, 작정기도 등등… 죽기 살기로 기도했으나 하나님의 무응답으로 인해 믿음을 지탱할 수 없을 정도로 낙심과 좌절을 불러온 적은 없었던가? 하나님께서는 내게도 이러한 혹독한 불시험과 고난을 통과하게 하며, 하나님의 사랑을 깨닫게 하셨다. 훈계하시며 어루만지시는 아버지의 사랑 속에 철저한 회개의 눈물이 자신을 성찰할 수 있는 좋은 시간이 되었다. 무엇이 과연 우리의 기도 응답을 받지 못하게 하는가?

> 내 아들아 주의 징계하심을 경히 여기지 말며 그에게 꾸지람을 받을 때에 낙심하지 말라 주께서 그 사랑하시는 자를 징계하시고 그 가 받아들이시는 아들마다 채찍질하심이라 (히 12:5, 6)

탐욕의 기도

롯데 캐슬 골드 주상복합아파트를 팔고 내 생애 최고로 순 이익금만 11억이라는 큰돈을 만져 보았다. 그러나 그다지 행복하지 않았다. 이 돈을 어떻게 아버지 나라를 위해 쓸 수 있을까? 일회성이 아닌 꾸준하게 돈이 들어와 하나님이 기뻐하시는 재정의 통로가 되고 싶었다. 사업가를 꿈꾸며 하나님 나라에 재정으로 헌신하겠다는 작은아들 다니엘에게 맡기고 싶었다. "아들아, 비즈니스를 찾아보거라. 안전하고 지속적으로 하나님 일을 할 수 있게 해다오." 얼마 후, 아들은 "어머니, 여기 토니 로마스라는 레스토랑이 나왔어요, 한 주인이 두 개를 갖고 있는데 하나 값만 받고 판대요."

이미 아들이 미국에서 아이합 〈I HOP〉 레스토랑을 경영하고 있었으므로 식당 경영이 새롭지 않다는 생각이 들자 곧바로 시작을 하고 싶었다.

단 한 가지 걸리는 것이 있었는데, 그 레스토랑에는 〈빠〉가 있다는 것이었다. 식사 후 삼삼오오 모여 술 한 잔 한다. 한 잔만 하겠는가? 한 잔이 두 잔 되고, 두 잔이 석 잔 되겠지. 그리고 술을 많이 판 날이면 즐겁게 돈을 셀 수 있겠지….

여기서 한 마디 꼭 하고 싶은 말이 있다. "서두르지 마라!" 사탄은 우리의 마음을 바쁘게 교란하며 분별력을 잃게 한다. 어떤 문제를 결정할 때 기도하고 기다려라. 내가 달려가 쟁취하려 하지 말고, 상황이 풀리며 자연스럽게 문이 열릴 때까지 하나님의 때를 기다려라.

"하나님! 이거 해야 하나요? 말아야 하나요?" 많이 많~이 기도했다. 주님께 계속 여쭤만 보았지 정작 주님의 대답에는 귀를 기울이지 않았다. 후에 지난날의 일기장을 보았다. 주님께서는 계속하여 꿈으로 많은 경고의 말씀을 하셨다. 나는 어찌 이다지도 미련하단 말인가! 여러 목사님께도 물어보았으나 시원하게 대답해 주는 분이 없었다. 나는 변명거리를 찾고 자신을 합리화하기 시작했다.

"많은 식당에서 술을 팔아요. 대형마트부터 구멍가게에 이르기까지 다 술을 팔아요. 그들 가운데 크리스천은 없나요? 예수 믿는 사람이 술을 팔면 안 되나요? 술이 얼마나 돈을 많이 남기는데요. 빨리 돈 벌어 선교해야지요."

이미 나의 마음에 욕심의 영이 들어왔다. 욕심은 하나님의 음성을 듣지 못하게 하는 주범이다. 주님께서 얼마나 내게 실망하셨을까! 분명, 주님께서는 뜻이 있어서 내게 특별한 방법으로 돈을 맡기셨는데….

2005년 8월 4일에 계약서를 넣고 2005년 12월 22일에 결국 레스토랑 두 개를 모두 인수하였다. 아들은 경영하던 아이 합 레스토랑까지 세 개의 사업장을 돌봐야 하니 얼마나 스트레스가 많았을까! 일반적으로 미국은 집을 사든지 사업체를 살 때면 은행에서 융자받는다. 그러나 나는 안정적으로 사업을 하기 위해서 융자 없이 레스토랑을 시작하였다. 절대로 망할 수 없는 사업이 되리라 믿었다.

> 여호와께서 집을 세우지 아니하시면 세우는 자의 수고가 헛되며
> 여호와께서 성을 지키지 아니하시면 파수꾼의 깨어 있음이 헛되

도다(시 127:1)

사람이 마음으로 자기의 길을 계획할지라도 그의 걸음을 인도하시는 이는 여호와시니라(잠 16:9)

꿈은 계속 어지럽고 사나왔다. 사업은 그런대로 잘 되었다. 그런데 이상하게 일이 자꾸 꼬여만 갔다. 예고없이 매니저가 출근을 안하기도 하고 많은 식당 장비가 이유 없이 고장이 났다. 예상치 않은 일이 계속 일어났다. 돈이 남기는 커녕 직원들 월급 주고 세금 내고 나면 현상 유지하기도 어려웠다. 하나님께서는 결단코 이 사업에 복을 주지 않기로 결심을 하신 것 같았다. 돈은 구멍 뚫린 전대처럼 줄줄 새어 나갔다. 아들은 "하루 빨리 식당 문을 닫는 것이 돈을 그만큼 덜 잃을 것 같아요" 하며 손들기를 원했다.

"아들아, 조금만 더 견뎌봐라. 엄마가 기도하고 있지 않니? 손해를 보더라도 식당을 팔아야지 어떻게 손 털고 나온다는 말이니?"

조금이라도 돈을 건지고 싶었다. 그러나 하나님께서는 그것조차 허락하지 않으셨다. 하나님께서는 나 아니라도 당신의 일을 어느 누구든지 택하셔서 이루실 분이심을 깨닫게 되었다. 지금까지 주님은 나의 기도를 모두 들어 주셨다고 감히 말할 수가 있었다. 그런데 이 사업 문제만큼은 아무리 부르짖어도 전혀 귀를 기울여 주지 않으셨다.

여호와의 손이 짧아 구원하지 못하심도 아니요 귀가 둔하여 듣지 못하심도 아니라 오직 너희 죄악이 너희와 너희 하나님 사이

를 갈라 놓았고 너희 죄가 그의 얼굴을 가리어서 너희에게서 듣지 않으시게 함이니라(사 59:1, 2)

구별된 하나님의 딸이 구별된 주님의 돈으로 술을 팔아 선교를 하겠다고 한 코미디 같은 행위를 철저히 회개하였다. "오! 하나님 아버지, 감사합니다!! 주께서 저를 정말 사랑하여 주시는 것을 알았습니다. 식당 사업이 잘 되었더라면 저는 계속 사람들이 술을 많이 먹고 매상이 많이 오르는 것을 즐겼을 것입니다. 제 인생에 이렇게 세심하게 간섭해 주셔서 너무너무 감사합니다. 이제 주님 앞에 손을 듭니다. 저를 용서해 주십시오. 예수님의 십자가 보혈 외에는 저의 죄가 사함을 받을 길이 없습니다. 용서해 주십시오. 식당 비즈니스가 망하게 됨을 감사드립니다."

"아들아, 식당 문을 닫거라. 그냥 닫지 말고 할렐루야! 외치고, 감사합니다. 소리치며 손뼉 치거라!" 토니 로마스 레스토랑을 시작하고 정확하게 만 3년 되는 날, 2008년 8월 23일 두 개의 식당 문을 닫았다.

내가 모태에서 알몸으로 나왔사온즉 또한 알몸이 그리로 돌아가올지라 주신 이도 여호와시요 거두신 이도 여호와시오니 여호와의 이름이 찬송을 받으실지니이다(욥 1:21)

하나님 뜻과 다른 기도

나의 기도 생활에서 브레이크가 걸릴 정도로 충격적인 사건이 있었다. 시애틀에서 하나님의 뜻인 줄 알고 3.5에이커(4,000평) 대지에 건평 50평 정도 집을 개조하여 요양원을 세우려고 했다.

하나님은 12년 전 학교 하던 집을 팔기 위하여 100일 동안 깊은 숲 속에서 주님과 친밀한 교제를 쌓은 후 오랜만에 다시 수도원 같은 생활을 하게 하시며 깊은 기도의 삶으로 인도하셨다. 그동안 은혜를 사모하며 성령이 역사하는 곳은 다 찾아다녔었다. 또한 훈련이란 훈련도 좋다는 것은 다 받고 다녔다(DTS , NKSS, WLI). 한국, 미국, 유럽으로 은혜를 따라 어디든 쫓아 다닐 무렵 하나님은 새로운 꿈을 주셨다.

이전에 사 두었던 전원 주택에 요양원을 세우면 좋겠다는 말을 듣자 곧바로 공사에 들어 갔다. 밤이 되면 하나님 아버지는 성령으로 찾아오셨고, 숲속 집에서 6개월 동안 오직 주님과 친밀한 교제를 할 수 있었다.

옆에 붙어있는 빼곡한 시유지 숲에서는 자주 곰이 나왔다. 곰은 앞마당 사과 밭에서 사과를 실컷 따먹고는 엄청난 양의 배설물을 싸놓고 가곤 했다.

매일 이른 아침 부터 멕시코 사람 5~6명을 데리고 일을 시작했다. 성령께서는 일꾼들에게 점심을 주라는 감동을 주셨다. 큰 냄비에 라면과 소시지를 잔뜩 넣어 끓였다. 넓은 마당을 종횡무진 뛰어다니면서 "Jesus love you!"를 외치고, 한 사발씩 가득 채워 주었다. 일꾼들이 떠난 후 저녁 시간이 되면, 그제야 허기를 채우기 위해 남은 부대찌개 냄비 밑에 퉁퉁 불은 라면찌꺼기를 허겁지겁 서서 긁어 먹곤 하였다. 어쩌다 서글픈 생각이 들 때면 나와 함께하시는 주님을 찬양하며 위로를 받았다.

> 하나님 한 번도 나를 실망시킨 적 없으시고
> 언제나 공평과 은혜로 나를 지키셨네.
> 지나 온 모든 세월들 돌아보아도
> 그 어느 것 하나 주의 손길 안 미친 것 전혀 없네.
> 오, 신실하신 주, 오 신실하신 주,
> 내 너를 떠나지도 않으리라. 내 너를 버리지도 않으리라.
> 약속하셨던 주님 그 약속을 지키사
> 이후로도 영원토록 나를 지키시리라 확신하네.

그뿐인가! 그 와중에 다섯 가지나 되는 라이센스를 따기 위해 영어로 시험을 치렀다. 다 통과된 후에는 더욱 열심히 기도하며 있는 힘을 다해 아버지의 뜻을 이루어 드리려는 마음으로 재정과 열정을 쏟아 부었다.

그런데 막판에 일이 꼬이기 시작했다. 일이 다 끝날 무렵에야 침묵하던 하나님께서는 같은 꿈을 두 번씩이나 꾸게 하며 내 계획이 아버지 뜻이 아님을 알려 주셨다. 너무도 황당하고 기가 막혔다. 하나님의 음성을 잘못 들었다는 자괴감에 더욱 낙심하고 괴로웠다. 하나님 아버지는 언제나 내게 풍성한 응답을 주셨다고 생각해 왔기에 괴로움은 더했다.

주님은 "이제 혼자서 뭘 하려고 애쓰지 말고 한국에 있는 남편 곁으로 가거라" 하시는 것이 아닌가!

> 이는 내 생각이 너희의 생각과 다르며 내 길은 너희의 길과 다름이니라 여호와의 말씀이니라 이는 하늘이 땅보다 높음같이 내 길은 너희의 길보다 높으며 내 생각은 너희의 생각보다 높음이니라(사 55: 8, 9)

"아~니 주님! 제가 이토록 열심히 일한 이유는 주님 뜻이 이곳에 있다고 생각했고 남편도 이곳에 와서 함께 살기 위함이었는데요."

"하나님 아버지, 그러면 왜 진작 말씀해주시지 않으셨어요? 왜 여기까지 올 동안 가만히 계셨어요. 왜 그러셨냐고요~~ 그동안 그토록 기도했는데 왜 말씀하지 않으셨어요?"

나는 너무도 하나님 아버지께 섭섭해서 울고불고했다. 어린아이가 아빠 앞에 떼를 쓰듯 두 다리를 버둥거리며 울었다.

"아버지 미워~~ 응응응, 아버지 미워요! 엉엉엉"

밤새도록 이렇게 울고 또 울었다. 주님께 며칠 동안 울고, 불고, 따지고, 질문하였다.

"사랑하는 내 딸 미자야!"

주님은 언제나 중요한 말씀을 하려면 이렇게 부르신다.

"나는 네가 그동안 내게만 주목하고 나와만 교제해서 참 좋았는데 너는 그 시간이 그리도 억울하냐?"

사랑이 가득 찬 주님의 다정한 음성 앞에 내 마음은 즉시 녹아 버렸다. "아, 아닙니다, 아닙니다. 주님!"

하루 이틀이 아닌 6개월이었다. 굶어가며 곰이 나오는 집에서 주님과 함께 살던 시간은 결코 두려운 삶이 아니었다. 그 시기에 기록적인 눈이 와서 꼼짝 못하고 집에 갇혀 있을 때도 있었다. 사람의 발자국은 하나도 없고 온 천지는 하얀 눈으로 뒤덮여 있었다. 그날 내 방 창문 앞에 있던 엄청나게 큰 곰 발자국! 그런 가운데에서도 두려움이 없었다. 주님이 나와 함께하심을 믿었고, 오직 주님을 사모함으로 내 눈은 항상 젖어 있었다.

이 시기에 절절하게 쓴 주님을 향한 사랑의 영성 일기는 나만의 시편이 되었다.

공원처럼 만들어 놓은 넓은 정원, 새로 단장하여 깨끗하게 시설을 갖춘 집, 배고픔을 참고 뛰어다니던 사과 밭 나무 사이 사이의 추억들, 모두 내려놓고 한국행 비행기를 탔다.

"주님 한 분이면 족하나이다!"

모든 것을 뒤에 버려 두고 떠났다. 돌이켜 생각하니 적막한 외딴집에서 주님과 교제하며 함께한 시간은 꿈과 같이 행복한 시간이었다. 하나님은 이런 방법으로 나에게 침묵기도 훈련을 시키셨고, 나와 둘만의 시간 속에서 주님과 친밀한 교제란 얼마나 황홀한 것인지 알려 주셨다.

당신의 삶에서도 하나님이 이해가 되지 않았던 시간이 있었던가? 주님은 이미 우리의 아픔과 괴로움과 억울함과 필요를 다 아신다. 그 모든 감정과 마음을 솔직하게 쏟아 놓아라.

> 사람이 자기의 친구와 이야기함같이 여호와께서는 모세와 대면하여 말씀하시며…(출 33:11)

하나님과 친구처럼 지내던 모세도 자신의 억울함을 솔직하게 고백한 적이 있다.

> 모세가 여호와께 여짜오되 어찌하여 주께서 종을 괴롭게 하시나이까 어찌하여 내게 주의 목전에서 은혜를 입게 아니하시고 이 모 든 백성을 내게 맡기사 내가 그 짐을 지게 하시나이까 이 모 든 백 성을 내가 배었나이까 내가 그들을 낳았나이까 어찌 주께서 내게 양육하는 아버지가 젖 먹는 아이를 품듯 그들을 품에 품고 주께서 그들의 열조에게 맹세하신 땅으로 가라 하시나이까(민 11:11, 12)

얼마전 잘 아는 사모님에게 자초지종을 설명하며 "… 나는 이렇게 하나님께 떼 부리며 기도 드렸던 적이 있었어요." 말한 적이 있었다. 그 분은 화들짝 놀라며 "아~니~어떻게 하나님께 그렇게 할 수가 있어요?" 불쾌한 얼굴빛이 살짝 지나감을 감지할 수 있었다. "왜 못해요? 하나님은 내 아빠, 아버지인데 왜 못해요?"

훗날 나는 하나님께서 왜 그렇게 해서라도 오로지 나와 함께 있고 싶어 하셨는지 이해하고 버릇없었음을 회개하였다. 그러나 아버지께서도 나의 항변을 문제 삼지 않으셨다. 내가 아버지 뜻을 이해하였듯이 아버지께서도 그런 나를 충분히 이해하시고 사랑하시기 때문이었다.

제11장

신부의
기름부음

나는 술람미 여인

2008년 4월 9일, 브라이언 시몬즈(Brian Simmons) 목사님이 한국에 와서 아가서 강해를 했다. 성령께서는 강의 시간 내내 시냇물이 흐르듯 내 영혼을 적셔 주셨다. 이에 호흡을 맞춘 잔잔한 통역이 편안한 자장 가처럼 들렸는지 사람들은 거의 졸고 있었다. 그러나 아가서 속의 언어 한마디, 한마디 말씀은 내 영혼을 충분히 녹여버렸다. 시간 시간마다 이슬비처럼 촉촉하게 부어지는 성령의 기름 부음으로 인하여 내 가슴은 불로 태워졌다.

　성령님은 아가서 강의를 통해 사랑하는 예수님의 심장 박동 소리를 들을 수 있게 해 주셨다. 평생에 가장 강력한 성령의 임재로 인하여 뜨거운 눈물이 끊임없이 흘렀다. 소리치며 갈망하는 성도들의 뜨거운 환호 속에 임재하는 성령님이 아닌 고요 속에 임하시는 황홀한 빛이었다. 신기하게 주님이 부어 주시는 신부의 기름 부음은 가슴 깊이깊이 스며들었고 불같은 사랑은 모든 피로를 태워버렸다.

　아가서! 한 쌍의 남녀가 사랑하는 섬세한 애정의 표현은 내가 매일

들고 싶어 하며 사모하는 주님의 음성이고, 또한 눈물로 고백하는 나의 고백이었다.

> 임은 나의 것 나는 임의 것임은 나리꽃밭에서 양을 치네 날이 저물고 그림자가 사라지기 전에 나의 임이여 노루처럼 빨리 돌아와 주세요 베데르 산의 날랜 사슴처럼 빨리 오세요(새번역, 아 2:16, 17)

'오! 주님~~ 제가 주님 임재하심을 바로 이렇게 애타게, 애타게 기다리고 있습니다.'

주체할 수 없이 타오르는 주님을 향한 사랑의 감정이었다. 세상 언어로 다 표현할 길이 없어 뜨거운 눈물이 되어 흐르고 흘렀다. 술람미 여인의 사랑의 갈구는 불타오르는 하나님을 향한 바로 나의 사랑이었다. 정열적인 욕망 속에 묻어 있는 사랑의 갖가지 감정들은 총 8장밖에 안 되는 짧은 분량이지만, 내게는 그 어느 말씀보다 하나님 아버지와의 친밀함으로 다가왔고, 그분의 달콤한 사랑의 언어로 들려왔다.

> 도장 새기듯, 임의 마음에 나를 새기세요. 도장 새기듯, 임의 팔에 나를 새기세요. 사랑은 죽음처럼 강한 것, 사랑의 시샘은 저승처럼 잔혹한 것, 사랑은 타오르는 불길, 아무도 못 끄는 거센 불길입니다(새번역, 아 8:6)

강의가 끝나고 나는 성령의 임재 아래 누워 울고 있었다. 나의 영은 주님의 신부가 되어 예수님을 깊이 만나고 있었다. 아무도 나를 흔들어 깨우지 않기를 바라며, 신랑 되신 주님의 품에 안겨 있었다.

> 예루살렘 아가씨들아, 노루와 들 사슴을 두고서 부탁한다. 우리가 마음껏 사랑하기까지는, 흔들지도 말고 깨우지도 말아다오(새번역, 아 2:7, 3:5, 8:4)

한참을 주님의 사랑에 흠뻑 취해 눈물이 양쪽 귓가로 흘러내리고 있었다. 그런데 물방울 같은 것이 이마 정 가운데로 '똑' 떨어지는 게 아닌가! '이게 뭐지?' 누가 내 머리맡에 앉아서 눈물을 흘리며 기도하나? 살짝 눈을 떠 봤다. 사람들은 이미 거의 다 떠났고, 나만 혼자 울고 있었다.

'그럼 이 물방울은 무엇이지?' 이미 이마의 물방울은 양쪽 눈썹 사이를 지나 코 옆을 타고 흐르고 있었다. 이마를 만져 봤다. 깜짝 놀랄 일이다! 미끈덕!! 기름이었다!! 냄새를 맡아보았다. 무향이었다. 실제로 기름이 이마에 물방울처럼 떨어져 내리다니… 기름 부음, 성령의 기름 부음이었다. 많이 듣고 또 많이 사용하는 익숙한 단어인데 진짜 기름을 부어 주심이 웬일인가? 놀랍기만 했다.

생기름을 받은 간증은 어디에서도 듣지 못했다. 이럴 수가!!! 이런 이야기를 한다면 혹시 사람들은 나를 이상한 이단에 빠졌다고 하지는 않을지 걱정스럽기도 하다. 나는 진솔하게 경험된 일들을 이야기할 뿐이다.

나의 원래 성격은 감수성이 예민하여 잘 웃고, 잘 울고 사람들을 좋아하기 때문에 때로는 외로움도 잘 타는 성격이었다. 그런데 주님을 만난 이후부터는 혼자 있는 것이 점점 좋아지기 시작했다.

하나님께서 나를 혼자 있게 하는 시간이 십수 년이나 되었다. 많은 사람이 질문을 했다. "외딴 숲속에 혼자 산다는 게 무섭지 않으세요? 정말 외롭지 않으세요? 그래도 사람이 그리울 때가 있겠지요?" 나의 대답은 한결같았다. "아니요~~정말 행복합니다." 주님은, 당신을 이토록 사모하는 내게 특별한 신부의 기름까지 부어 주셨던 것이다.

예전부터 결혼식을 올리는 꿈을 열 번 이상이나 동일하게 꾸었다. 처음에 결혼식 꿈을 꾸었을 때는 '내가 결혼 생활을 힘들어 해서 이런 불손한 꿈을 꾸나' 해서 아주 불쾌했었다. 또는 내 속에 아직도 더러운 죄 성이 남아있는가? 하는 마음도 들었었다. 그럴 때마다 많이 회개하고 또 회개했다. 그리고는 예수님의 보혈로 씻고 정결케 됨을 선포하곤 했었다.

> 내가 밤에 침상에서 마음으로 사랑하는 자를 찾았노라 찾아도 찾 아도 찾아내지 못하였노라(아 3:1)

이 여인이 찾고 찾는 사랑하는 상대는 내가 오매불망 갈망하던 예수님! 바로 성령님이었기에 그렇게 시종일관 눈물을 흘렸다. 예수님! 그 이름을 부르기만 해도 그분의 이름을 듣기만 해도 아니, 생각만 해도 나는 울었다. 혹자는 말하기를 "아니~ 예수님을 만나면 행복해야지,

왜 울고 살아? 그~ 거, 뭐가 잘못되었지." 그러나 형언할 수 없는 행복 앞에 웃는 사람은 없다. 모두가 행복의 눈물을 흘리고 운다. 눈물에는 거짓이 없기 때문이다.

거룩한 신부의 꿈

이전에 꾸었던 결혼식 꿈은 언제나 문제가 많았다. 날 꿈에 신부인 나는 결혼 식 드레스가 준비 되지 않아 쩔쩔매고 있었다. 또 다른 꿈에서는 하객들이 와서 기다리는데 신부인 나는 뭔가 분주하여 결혼식 시간에 맞추지 못해 허둥대다가 깨어나기도 하였다. 한번은 꿈에 드레스를 입긴 입었는데 마음에 안들어 다른 사람 드레스를 빌려 고쳐 입으려고 하는 꿈을 꾸었다.

2004년 11월 4일 꿈은 7번째로 꾸는 결혼식 꿈이다. 오래간만에 기분 좋은 꿈을 꾸었다. 나는 꽃가마를 타고 있었다. 아주 화려한 레이스로 된 새하얀 바탕에 빨간 장미꽃으로 수가 놓여있는 꽃 가마였다. 황홀할 정도로 아름다운 천으로 가마며, 드레스 베일까지 세트로 준비되어 있었다.

재미있는 사실은 신랑이 주유소에서 기름을 주유하는 사람이었다. 나는 세상에서 가장 아름다운 드레스를 입고 있었고, 신랑은 옷에 기름때가 그대로 묻어 있었으며 손톱 사이에도 기름때가 까맣게 끼어 있는 사람이었다.

결혼식장은 원형경기장 같은 돔이었으며 많은 사람이 참석하였다. 큰아들 크리스가 엄마의 결혼을 축하하기 위해 사회도 보고, 춤도 추었다. 화장실을 가고 싶었다. 화장실은 5개 정도 있었고 모두 이름이 붙어 있었다. 1번 화장실에는 프레지던트(President)라고 붙어 있었다. 그리고 누군가가 오늘의 신랑 신부에게는 1번 화장실을 주자고 하였다. 화장실 바닥에도 변기까지 모두 하얀 레이스로 덮여 있었다. 그렇게 깨끗한 화장실은 처음 보았다.

꿈을 깬 후 주신 꿈을 묵상해 보았다. 그리도 갈망하던 기름 부음의 원천인 성령님께서 주유소에서 기름 넣는 사람이 되어 신랑이 되어 주신 것이다. "세상에~~ 이럴 수가!" 너무나 감사했다.

드디어 주님께서 나를 신부로 받아 주시다니…. 이후에도 몇 차례의 결혼식을 하는 꿈을 꾸었으나 위의 꿈만큼 뚜렷하고 멋지게 기억되는 꿈은 없다.

> 나의 사랑하는 자가 내게 말하여 이르기를 나의 사랑 내 어여쁜 자야 일어나서 함께 가자 겨울도 지나고 비도 그쳤고 지면에는 꽃이 피고 새가 노래할 때가 이르렀는데 비둘기의 소리가 우리 땅에 들리는구나 무화과나무에는 푸른 열매가 익었고 포도나무는 꽃을 피워 향기를 토하는구나 나의 사랑 나의 어여쁜 자야 일어나서 함께 가자 (아 2:10-13)

남녀노소 막론하고 우리는 모두 그리스도의 신부다. 주님께서 이 땅에 재림하실 때가 가까이 온다. 늘 깨어 주님을 기다려야 한다. 신랑 되신 예수님을 맞이할 준비가 되어 있지 못하면 일평생 교회를 다녔다 해도 기름이 떨어져 혼인 잔치에 참여하지 못하게 된다.

잠시 하던 일을 멈추고 찬송가 175장을 불러보자.

> 신랑 되신 예수께서 다시 오실 때
> 밝은 등불 들고 나갈 준비됐느냐
> 그날 밤 그날 밤에 주님 맞을 등불이 준비됐느냐
> 예비하고 예비하라 우리 신랑 예수 오실 때
> 밝은 등불 손에 들고 기쁨으로 주를 맞겠네

천국은 마치 등을 들고 신랑을 맞으러 나간 열 처녀와 같다 하리니(마 25:1)

제12장

꿈을 통한
계시

꿈은 하나님 말씀의 통로

하나님께서는 많은 예언적인 사람들에게 대화의 채널로 꿈을 사용하실 경우가 많다. 하나님께서 꿈을 통해서 말씀하시는 이유는 사람이 잠잘 때만큼은 모든 감정과 의식을 내려놓기 때문이다. 하나님은 꿈을 통하여 장래 일을 계시하고 이루시며, 비밀스러운 것을 보이시고, 권면하고 깨우치신다. 또한 꿈은 간접적이지만 일방적인 계시이기 때문에 우리가 마음대로 선택하여 꿀 수 없다. 성경에는 꿈에 관한 이야기가 많이 나온다.

> 요셉이 꿈을 꾸고 자기 형들에게 말하매(창 37:5)
> 솔로몬의 꿈에 나타나시니라 하나님이 이르시되 내가 네게 무엇을 줄꼬(왕상 3:5)
> 그의 침상에서 꿈을 꾸며 머리속으로 환상을 받고 그 꿈을 기록하며…(단 7:1)
> 동방 박사들의 꿈, 그들은 꿈에 헤롯에게로 돌아가지 말라…(마 2:12)

> 요셉에게 현몽하여 이르되…(마 2:13)
>
> 오늘 꿈에 내가 그 사람으로 인하여 애를 많이 태웠나이다(마 27:19)

그 외에도 기타 등등 많이 있다. 꿈의 내용, 꿈을 꾸게 되는 배경과 사건들도 다양하다. 또한 성경에는 꿈에 대해서 이렇게 기록되어 있다.

> 내 말을 들으라 너희 중에 선지자가 있으면 나 여호와가 환상으로 나를 그에게 알리기도 하고 꿈으로 그와 말하기도 하거니와 (민 12:6)

이처럼 성경에서는 꿈이란 하나님이 사람에게 주는 것이며, 그분의 계시를 보여주는 통로임을 말씀하고 있다. 그리고 영적인 꿈은 대부분 상징적으로 보여주기 때문에 해몽의 은사를 구해야 한다. 그러나 모든 꿈이 하나님에게서 오는 것이 아닐 수도 있으므로 조심하여 분별해야 한다.

> 당신들 가운데 예언자나 꿈으로 점치는 사람의 말을 듣지 마십시오. 이것은 주 당신들의 하나님이 당신들이 정말 마음을 다하고 정성을 다하여 주 당신들의 하나님을 사랑하는지 알고자 하셔서 당신들을 시험해 보시는 것입니다(신 13:3)

꿈을 꾸고 기록하는 습관은 하나님께서 당신의 뜻을 소중히 여기는 우리의 성실함으로 인정하시고 그 행위를 기뻐하신다.

1992년도, 주님과의 각별한 만남을 갖기 시작한 이후부터 하나님은 본격적으로 영적인 꿈을 주시기 시작하였다. 또한 슬그머니 들어오는 생각이 그대로 현실에서 이루어짐을 보며 두렵기도 하였다. 이상한 현상들이 자주 일어나자 기록하고 싶다는 생각이 들었다. 후에 돌아보니 기록하지 않았던 사건들은 이미 내 머리에서 다 지워지고 말았다.

지난 28년간 쓴 나의 영성 일기에는 하나님이 주신 꿈들로 가득하다. 처음에는 도저히 알 수 없는 꿈들로 인해 짜증이 났다. 그리고 어떤 때에는 동일한 꿈을 계속 반복적으로 꾸었다.

오늘 꾼 꿈이 내일 혹은 내년에 이루어진다고 생각지 마라. 꿈의 사람 요셉은 17세에 꿈을 꾸었다.

> 내가 꾼 꿈 이야기를 들어보세요. 우리가 밭에서 곡식단을 묶고 있었어요. 갑자기 내가 묶은 단이 벌떡 일어서고, 형들의 단이 나의 단을 둘러서서 절을 하였어요…(창 37:6,-10)

30세에 요셉은 이집트의 총리가 되었고 13년이라는 세월이 흐른 후 요셉의 꿈은 그대로 이루어졌다. 나의 경우에도, 어떤 특정 사람에 관해서 계속 동일한 꿈을 꾼 적이 있었다. 그런데 그는 내가 아는 사람의 생시의 모습과 너무나도 판이해서 내 마음은 괴로웠다.

"하나님 아버지 이런 엉터리 같은 꿈을 주시려 거든 차라리 꿈을 거둬 가십시오."

이렇게 기도할 정도로 꿈은 잠들기가 겁날 정도로 자주 꾸었고 어처구니가 없었다. 비록 현실과 너무 달라 이해가 안 되는 꿈이라 할지라도 주님은 엉터리 같은 꿈들을 계속 기록하게 하셨다.

2006년 9월 21일, 믿을 수 없는 꿈을 또 꾸었다. 재앙 같았던 끔찍한 이 꿈은 생각할 가치도 없지만 습관적으로 기록하고는 까맣게 잊었다. 그리고 10년 후 바로 그 날, 2016년 9월 21일, 개꿈이라며 치부했던 그 꿈이 재앙이 되어 현실로 이루어졌다. 년도만 다르지 동일한 날, 꿈 속의 주인공들은 이혼 서류를 법원에 접수하였다.

이럴 수가! 이럴 수가! 10년 전 일기장을 누가 새삼스럽게 들춰보겠는가? 책을 쓰라는 감동 때문에 오래된 일기장을 한 페이지씩 읽어 가다가 발견된 서너 줄의 글은 내게 큰 충격을 주었다. 하루도 빠짐없이 중보기도해 주는 가정의 젊은 부부를 정말 많이 사랑했기 때문이었다. 사춘기에 있는 12, 13세 두 아들과, 아직도 엄마 품을 그리워하는 다섯 살짜리 막내아들을 두고 집을 나간 여인! 이 사건으로 인하여 가슴을 치며 울었다. 이미 수차례나 꿈으로 보여주신 하나님의 계시를 가볍게 여겼음을 회개하였다.

"오! 하나님 아버지, 그렇게 여러 번, 수십 번 말씀하시며 '중보해줘라. 필사적으로 중보해야 한다. 사탄이 그 가정을 흔들 것이다' 말씀을 하셨는데 개꿈으로 여기고 무시했습니다."

어느 날은 이런 꿈을 꾸기도 했다. 그 집에 있는 모든 그릇이 하나도 남김 없이 박살 나고 깨어지는 꿈이었다. 또 어느 날은 그리도 참하고 다소곳한 꿈속의 여인이 완전 마귀가 되어 나에게 사정없이 달려 들기도 하였다. 그러나 현실에서 그들은 너무도 멋진 크리스천 가정을 이루고 예쁘게 잘 살고 있었으니 누가 현실을 믿지 꿈을 믿겠는가!

나는 세상에 눈에 보이는 세계와 눈에 보이지 않는 영의 세계가 존재함을 간과한 결과 사탄의 진입을 막아주지 못하였다. 두려운 사실은 2년 동안 다른 남자와 불륜에 빠져 가정을 깨고 나가기까지 모든 사실을 주님이 꿈으로 다 보여 주셨다는 것이다.

"오! 하나님 아버지, 이렇게 동일한 꿈을 반복적으로 수십 번이나 꾸게 하셨는데 제가 순종하지 않았고 경고의 말씀을 듣지 않았습니다. 잘못했습니다. 용서해 주십시오!!!"

땅을 칠 노릇이었다.

> 여호와여 주의 분노로 나를 책망하지 마시오며 주의 진노로 나를 징계하지 마옵소서…내가 탄식함으로 피곤하여 밤마다 눈물로 내 침상을 띄우며 내 요를 적시나이다 내 눈이 근심으로 말미암아 쇠하며 내 모든 대적으로 말미암아 어두워졌나이다(시 6:1, 6, 7)

하나님이 말씀하시면, 듣고 싶은 것만 들었다는 사실! 또한 내가 원하지 않는 꿈은 '개꿈이야' 혹은 '예수 이름으로 떠나가라!' 할 때도 있었다. 이 일로 인하여 28년 전부터 써 온 꿈노트를 자세히 밑줄을 그어가며 다시 읽기 시작하였다. 그 밖의 꿈들 역시, 속히 또는 더디게 정확하게 이루어짐을 보고 놀라움으로 무릎을 치며 읽었다.

주님께서는 나라, 경제, 교회, 친척, 친구, 자녀, 재정에 관한 모든 일을 꿈을 통해 세세하게 보여 주셨다. 이들을 위해 기도하라. 중보자로 막아서라! 하셨건만 막아주지 못했다. 하나님께도 죄송하고, 불행을 당한 그 가정, 특히 어린 아이들에게 너무나 큰 죄를 진 것 같았다.

이처럼 하나님은 꿈을 통해 말씀하시는 데, 두 종류가 있다, 현실적으로 실제 인물이 나타나기도하고, 장래 일을 경고, 혹은 예언하실 경우가 있다. 또한 영적인 꿈은 거의 상징적으로 꾸기 때문에 분별하고 해몽을 구해야 한다. 예를 들자면 느브갓네살 왕이 꿈을 꾸고 무슨 꿈을 꾸었는지도 몰랐다.

> 왕이 그들에게 이르되 내가 꿈을 꾸고 그 꿈을 알고자 하여 마음이 번민하도다(단 2:3)

이에 다니엘과 그 친구들이 하나님께 기도했고, 은밀한 것을 보시는 하나님은 꿈내용과 해몽의 은사까지 다니엘에게 주셨다. 왕이 꾼 상징적인 꿈에 대해서는 다니엘서 2장을 참조하기 바란다.

예언적 꿈의 계시

다음은 5번에서, 많게는 30번 이상을 같은 꿈을 꾸었던 것들이다. 몇 가지 꿈을 공개하겠다.

2002년 2월 6일

늪 같은 곳, 진흙탕에 악어가 있었는데 어떤 자매가 막대기로 머리를 툭툭 치며 갖고 놀았다. 악어는 입을 크게 벌리고 있었고, 나는 위험하다며 그런 짓하지 말라고 말렸다.

또 어느 곳을 갔는데 거기에는 뱀이 있었다. 뱀은 큰 못에서 나오지 못했다. 사람들이 또 뱀을 놀리고 장난을 쳤다. 내가 뱀을 잡아, 손으로 머리를 꽉 쥐고 눌러서 죽였다. 그러다가 그만 땅에 떨어뜨렸는데 살아서 빠르게 도망을 갔다. 나는 순간 저것을 놓치면 많은 사람을 다치게 할 거라는 생각에 필사적으로 쫓아가 뱀을 밟아 죽였다. 나중에 보니 머리가 잘려져 없어졌고, 몸뚱이 한 토막만 남았다.

잠이 깨고 성령님께 반복해서 비슷한 꿈을 꾸는 것에 대해서 여쭤보았다. 사탄이 심어 놓은 죄악들을 멋 모르고 즐기는 세상 사람을 보여 주시며 나의 사명에 대해서도 말씀하시는 것 같다.

2002년 4월 29일

지난밤에는 아주 신기한 꿈을 꾸었다. 내 손바닥에 자그마한 진주들이 많이 붙어있었다. 그런데 그 진주들이 하나씩 떨어지면서 엄청나게 큰 진주로 변했다.

또 한 가지는 사과 궤짝에 흙이 가득 담겨 있었고 그 흙 속에는 쪽마늘이 가득 담겨 있었다. 나는 그 흙 위에 손을 얹고 "하늘과 땅의 모든 권세를 가지신 예수님 이름으로 명한다. 너희들은 자랄지어다" 했더니 흙이 점점 불어나고 그 속의 마늘들이 모두 큰 진주로 변했다.

"주님! 무엇을 말씀하시는 것인지요?" 이 꿈에는 많은 메시지가 있다. 첫째, 주님은 내 손에 권세를 주셨다. 둘째, 진주를 묵상해 보자. 셋째, 사과 궤짝의 흙은 무엇을 말씀하시는 것일까? 하나님께서 흙으로 사람을 만드셨다. 넷째, 마늘에 대해 묵상하며 주님께 기도하였다. 마늘은 하나의 덩어리로 보이지만 그 속에는 한 개의 개체들이 또 하나의 몸을 이룬다.

가장 먼저 드는 생각은 제자를 양육할 거라는 예언적 꿈이라는 생각이 들었다. 진주는 고난을 통과한 성숙한 영혼이 아닌가…. 놀라운 사실은 꿈을 꾼지 20년이 지난 오늘 나는 마늘과 같은 사람들에게 제자훈련을 시키고 있다.

2002년 5월 11일

크리스의 신대원 Gorden Conwell 졸업식에 참석하기 위해 보스턴에 갔다. 모텔에서 잠을 잤다. 꿈에 셀 수 없이 많은 쥐 떼를 보았다. 거기에는 고양이도 있었는데 하도 쥐가 많아 오히려 고양이가 힘을 못 쓰고 절절매는 꿈이었다. 잠이 깨었다. 꿈 생각이 나서 기도하며 방을 보혈로 덮고 다시 잠이 들었다. 이번에는 엄청난 개미 떼를 보았다. 셀 수 없이 많은 개미 떼가 바닥을 뜯고 올라왔다. "오! 하나님 이 꿈은 무엇을 의미하나요? 무얼 기도해야 할까요? 내가 있는 곳의 지역의 영들을 보여 주시는 것 같은데요." "쥐는 우리의 양식을 도적질하고, 질병도 옮기고, 개미 떼는 재앙이 올 것을 미리 감지하고 피난길에 오르는 것일까요?"

2002년 7월 17일

버지니아에 있는 작은아들 다니엘 집에서 꾼 꿈이다. 매일 꿈자리가 뒤숭숭해서 며칠 동안 기분이 안 좋아 기록하지 않았다. 많은 개미 떼, 뱀 떼들을 보았다. 또한 수많은 모기 떼가 많은 사람 중 나에게만 달려들어 쏘아대었다. "오! 주님, 제게 제발 좋은 꿈 좀 꾸게 해 주세요. 모기떼가 나만 공격하는 꿈은 이날 이후에도 수십 차례 더 꾸었다. 어떤 때는 거의 매일, 정말 지겨웠다."

"사람의 피를 빨아먹고 사는 모기, 무서운 병을 옮겨 죽게도 하며, 사람을 정말 귀찮게, 신경 쓰게 하는데 나의 기도를 방해하고자 하는군요."

2002년 7월 25일

이제는 꿈이 두렵기조차 하다. 꿈에 어느 식당에 갔다. 수천수만의 파리 떼가 버글버글했다. 부엌에는 갈비짝이 걸렸는데 고기는 하나도 없고 뼈다귀만 있었다. 그리고 옆집은 병원이었다. 그곳에도 파리 떼들이 있었다. 이 많은 파리가 도대체 어디서 오는 것이냐고 묻자 식당에서는 병원에서 온다고 했고, 병원에서는 식당에서 온다고 했다. 벌써 파리 떼의 꿈을 수십 번 꾸었다.

"아버지, 파리는 바로에게 내린 10가지 재앙 중에 하나며, 앙상한 갈비짝은 먹을 것이 없는 기근을 상징하는 것인지요? 혹, 병원은 교회이고, 식당은 세상을 말씀하신 것인가요? "진노하심을 경고하시는 메시지 같아 두렵습니다."

2002년 12월 22일

아침에 일어나니 너무나 마음이 우울했다. 도대체 이렇게 꿈을 많이 꾸는 사람이 또 있을까? 자기 전에 항상 좋은 꿈을 꾸기 위해 기도한다. 주님께서 주시는 꿈만 꾸게 되기를 기도한다. 그런데 기도할수록 어찌하여 꿈은 더 험악할까?

오늘은 꿈 속에서 내 아기라는데 머리가 둘이고 팔이 없었다. 누군가가 아기를 보러 왔는데 부끄럽고 창피해서 아기를 감추었다.

"주님 제가 돌봐줘야 할 영혼들이 영적인 불구자들이라는 말씀 이세요? 머리가 둘이라면 알만 합니다. 얼마나 교만하고 얼마나 잘난 척을 하며 사는 영적인 불구자들이라는 뜻인가요?

2003년 2월 1일

음력 설날 아침이다. 새해를 맞이하여 3일 금식을 잘 끝냈다. 새해에는 하나님께서 무슨 꿈으로 이 한 해를 계시해 주실까 기대가 되었다. 새벽이었다. "살려주세요! 도와주세요!" 소리를 지르다 잠이 깨었다. 온 몸이 땀으로 젖어 있었다. 어느 곳인가를 가고 있었다. 조그만 개들이 마구 짖으며 달려들었다. 뒤를 돌아보니 아주 큰 개가 달려들었다. 어디서인지 점점 더 크고 험악한 개들이 달려들었다. 그런데 그 개들이 나를 물 수는 없었다. 개들은 모두 줄에 묶여서 펄펄 뛰며 짖어만 대었다.

새해 첫날 이런 꿈을 꾸다니…정말 울고 싶다. 이 한 해에 사탄이 얼마나 나를 괴롭히려나! 밤에 기도하는데 성령께서 깨닫게 해 주셨다. "너는 중보자다. 너 하나 쓰러트리면 마귀가 얼마나 쾌거를 부를 것인지 알아라. 그러나 사탄은 네 머리카락 하나도 건드리지 못할 것이다. 두려워 말고 감사하라!"

2005년 2월 19일

최근 들어 자주 사역하는 꿈을 꾼다. 많은 사람이 모여 있었고 사역을 하였다. 나는 담대하게 말씀을 전했다. 사람들의 마음이 무너지는 것을 보았다. 거기에는 세상에서 잘 나간다는 남자, 여자들이 모여 있었다.

주여! 제가 어찌 이런 일을 감당할 수 있나요? 하나님께서는 결국 15년 후에 신학교에 가게 하셨고, 18년 후에 목사로 부르셨다.

2005년 7월 30일

오늘 꿈에는 자동차가 낭떠러지로 떨어졌다. 자동차는 물에 빠져 가라앉기 일보 직전이었다. 나는 죽음 앞에서 마지막 기도를 하였다. 벌써 자동차에 관한 꿈을 4번 이상 꾸었다. 장면이 바뀌고 누구와 결사적으로 몸싸움을 하였다. 누군지 모르는 거대하고 무서운 존재였다. "살려주세요!" 소리를 치다가 잠이 깨었다.

지나고 나서 깨달은 것은 이때, 토니 로마스 레스토랑을 해야 하는가? 어떻게 할까? 하는 것을 고민할 때였다. 자동차 꿈과 악한 영과의 싸우는 꿈은 이후에도 여러 번 더 꾸었다.

그동안의 꿈을 보면 자동차는 사역자에게는 사역을 암시하고, 사업하는 사람에게는 하고 있는 사업을 상징한다. 주님께서 여러 번 자동차가 전복되고 위험에 빠지는 것을 보여주셨다. 그리고 사탄이 나를 죽이려 하는 것을 여러 번 보여주셨다. 그런데도 무엇에 홀린 듯 술 파는 레스토랑을 하고야 말았다. 그리고 망했다.

2006년 4월 16일

오늘도 꿈이 고약하다. 계속해서 식당사업에 관해 말씀하시는 것 같다. 신호를 무시하고 운전하고 있을 때, 곧 경찰차가 따라왔다. 무척 놀라며 꿈이 깨었다. 다시 잠이 들었다. 두 번째 꿈에는 어느 곳인가 여행을 갔다. 별로 깨끗하지 않은 방이었고 자려고 침대에 누웠는데 꿈에 아주 큰 뱀이 길 위쪽으로 날쌔게 도망갔다. 곧이어 옆의 벽에서 박쥐인 듯한 새들이 이리저리 푸덕거리며 날아다니며 먼지를 날렸다. 쫓으려고 소리를 지르다 잠이 깨었다.

하나님께서 여러 번 사인을 주셨건만 레스토랑 비즈니스를 시작해 버린 것이 신호를 무시하고 달린 것과 같다는 깨우침이 왔다. 그 결과, 사업장은 사탄들의 놀이터가 되어버렸고 망할 수밖에 없었다.

2007년 11월 2일

스웨덴에서 북한연구학교에 참석하고 있을 때이다. 꿈이 계속 좋지 않았다. 며칠 동안 반복해서 꾸는 꿈은 사탄이 들어오려고 기웃거리는 것이었다.

나는 어느 방에 있었다. 무슨 특별한 날이었는지 사람들이 돈 봉투를 주었다. 나는 돈을 세고 있었다. 어디서 났는지 보석 주머니도 있었다. 그런데 사람들이 문밖에 와서 두드렸다. 내가 있는 방은 유리문으로 되어 있어서 밖에서 환히 비쳤다.

나는 돈을 빼앗길까 봐 너무 무서웠다. 들키지 않으려고 살짝 숨었지만 들켜버렸다. 그들은 엉큼한 눈으로 나를 훑어보았고, 내 손에 든 돈과 보석 주머니를 쳐다보았다.

장면이 바뀌고 또 어디를 가는데 질척거리는 진흙길이었다. 발이 진흙 구덩이에 빠졌다. 더 이상 가지도 오지도 못하는 상황에 쩔쩔매며 힘들어하고 있었다. 당시의 현실을 그대로 보여 주는 꿈이었다. 토니 로마스 레스토랑의 문제가 생각보다 심각했다. 아무리 기도해도 기도는 허공을 치는 것만 같았다. 진퇴양난에 빠져서 힘들어할 때 주님은 계속하여 경고의 메시지를 주셨다.

"주님! 진정, 저의 사업은 늪에 빠졌습니까? 결국 사탄이 모든 물질을 도적질하는 것을 허락하시고, 보고 계시네요.

스웨덴에서 북한연구학교에 있을 때 내 방에서는 4명이 함께 지냈다. 모두가 잠든 밤, 꿈을 꾸며 '도둑이야!'라고 소리를 지르는 통에 룸 메이트들의 잠을 여러 번 깨우고는 하였었다. 이상하게 이곳 스웨덴에 와서는 거의 동일하게 반복적으로 꾸는 두 가지 꿈이 있었다. 하나는 도둑이 들어오는 꿈이고, 또 하나는 계속 해서 어린 아기 꿈을 꾸는 것이었다.

2008년 4월 4일

오랫만에 기분 좋은 꿈을 꾸었다. 싸움이 났는데 우리 편은 숫자가 적었고, 적군은 사람이 엄청 많았다. 하지만 우리 편은 아주 잘 싸웠다.

장면이 바뀌고 나는 칼로 땅을 팠다. 어느 정도 내려가며 땅을 파니

하얀 비닐 같은 것이 막혀 있었다. 그것을 뚫었더니 쥐구멍 같은 구멍이 많이 나타났다. 꼭 두더지가 구멍을 뚫은 듯했다. 그런데 구멍에 진짜 밤색 두더지가 있었다. 나는 그 두더지를 칼로 난도질을 했다. 또 어디서 왔는지 쥐가 왔고, 그 쥐도 내 칼끝에 난도질을 당했다. 칼은 하나님 말씀이다. 14년이 지난 오늘 나도 모르는 사이에 말씀을 가르치고 있다. 이렇게 나의 꿈은 많은 부분에 혼탁한 이 세상의 더러운 영들, 죽이고, 도적질하고, 멸망케하는 악한 영과의 싸움을 하는 것을 보여 주셨다

2008년 8월 7일

짐을 챙겨서 어디론가 떠날 준비를 했다. 정확하게 어디에 가는지도 모르고 비행장으로 갔다. 비행장에 가서야 다행히 출발 시간이 충분히 남아 있는 것을 알게 되었지만 그런데 또 비행기 표를 찾지 못했다. 꿈이었지만 허둥대는 내 모습이 당혹스러웠다. 여기 저기 찾다가 겨우 지갑 속 깊은 곳에서 표를 찾았다.

겹쳐서 일주일 만에 비행기 표 꿈을 또 꾸었다. 도대체 무엇을 의미하는 것일까? 주님께서는 내가 여러 나라를 다니며 주님의 일을 하기 원하시지만 나는 아직도 준비가 덜 되어 있구나! 하는 마음이 들었다. 우리의 열심과 열정만으로 주님의 일을 하는 것은 아니니 하나님의 때를 기다리며 준비해야겠다.

하나님의 훈련과 연단은 참으로 오래 걸렸다. 인격적으로 주님을 만난지 28년이 지난 오늘, 나는 〈엎드림〉 선교회를 설립하고 선한 목자

(GSM)선교회와 연합하여 분주히 세계를 다니고 있다.

2009년 3월 16일

　내 자동차가 남의 주차장에 세워져 있었다. 자동차는 오래된 고물차였고 먼지를 뽀얗게 덮어쓰고 있었다. 오래 사용하지 않아서 바퀴가 땅속에 절반이나 묻혀 있었다. 경찰과 여러 사람이 '이 차가 누구 차냐?' 하면서, 바퀴를 꺼내기 위해 삽질하며 마구 화를 내고 있었다. 나는 '미안합니다. 죄송합니다. 제 차입니다' 하며 계속 굽실거렸다. '이 자리는 당신 자리가 아냐?' 하면서 경찰은 소리쳤다.

　나는 이 꿈이 무엇을 의미하는지 오래도록 주님께 여쭈었다. 주님께서 감동을 주셨다. 자동차는 남편을 상징했다. 왜냐하면 그 차종이며 색깔이 남편의 자동차와 같은 것이었기 때문이다. 먼지를 뽀얗게 덮어쓰고 있었다는 것은 내가 아이들 교육을 핑계 삼고 오랫동안 남편을 곁에서 돌보지 않은 모습으로 느껴져서 많이 울었다. 그리고 당신 자리가 아니라고 야단 치는 것은 지금 내가 하려는 일은 내가 설 자리가 아님을 알려주신 것으로 깨달아졌다. 그 당시 나는 시애틀에 요양원을 설립하기 위해서 많은 재정과 정열을 쏟아붓고 있을 때였다. 나는 거의 비슷한 꿈을 세 번이나 꾸고 난 후에야 주님의 뜻을 따르기로 하였다. 많이 울고 기도한 후 모든 것을 다 내려놓고 한국으로 들어왔다.

　그동안 하나님이 주신 많은 영적인 꿈을 다 기록할 수 없음이 유감스럽지만, 하나님께서는 이때부터 주의 종으로 부르시고자 내 삶을 이끄셨다.

제13장

침묵 속
깊은 교제

리처드 포스터의 저서 『기도』에서 침묵기도란 하나님을 향한 애정 어린 집중이다. 우리를 사랑하시고 우리를 자신에게로 인도하는 하나님께 주의를 집중하는 것이다" 라고 기록하고 있다.

나는 여기까지 오는 동안 다양한 형태의 기도와 기적적인 응답의 간증을 나누었다. 이 장에서는 주님으로부터 무엇인가 얻으려고 안달하며 부르짖고 간구하는 기도에서 한걸음 더 나아가려 한다. 성령이 내 안에 충만히 임하시도록 갈망하며 자신을 잠잠히 주님께 내어드려라. 이러한 기도를 묵상기도, 관상기도, 혹은 침묵기도라고 부른다.

일반적인 기도가 부르짖으며 간구하는 기도라면, 침묵기도란 성령이 우리 안에 충만히 임재하도록 마음을 열고 갈망하며, 주님과 교제하는 기도이다. 침묵기도를 하기 위해서는 많은 훈련과 인내가 필요하다. 하나님 음성을 듣고자 귀 기울인다는 것이 요즘처럼 바쁜 삶을 사는 이들에게는 어려울 수 있다. 그러나 당신이 만일 침묵기도를 할 수 있다면, 침묵기도 가운데 영혼의 소리를 듣게 되며, 하나님 은혜와 사랑의 향기에 깊이 취할 수 있게 된다. 그렇기에 말할 수 없는 평화의 강물 속에서 주님과 깊은 교제를 나눌 수 있다.

하나님의 세미한 음성을 듣기 위해 기도 침묵기도를 시도하고 싶은 분이 있다면 먼저 성령님의 임재를 사모하며, 십자가 앞에 몰두할 수 있는 환경을 만들어라. 잔잔히 흐르는 선율을 틀고 눈을 감고 성령님의 음성에 귀 기울이고 기다려라. 영 안에 말씀하시는 하나님 음성은 대개 마음으로 들린다. 이것을 당장 기록하지 않으면 흔적 없이 날아가 버리고 만다. 그러므로 언제나 필기도구를 곁에 두도록 하여라. 그리고 주님이 떠오르게 하는 생각을 적어보며, 주고받는 대화를 시도해 보라. 만일 하나님께 집중하기가 어렵다면, 침묵기도를 위한 기도를 하라.

"하나님, 주님께 귀 기울이고 음성을 듣는다는 게 너무나 어렵습니다. 내 영혼의 눈은 하나님만 바라보기 원합니다. 그동안 경험하지 못했던 주님과 깊은 교제 속으로 저를 이끌어 주십시오."

나는 혼자 산책하며 말씀을 암송하고 묵상하는 것을 좋아한다. 이 시간 쭉쭉 뻗은 나뭇가지들이 두 팔을 뻗어 하나님을 찬양하는 소리를 듣게 되고, 머리 위로 날아 다니는 새들은 하나님의 거룩함을 합창하며 노래한다. 이러한 자연의 신비로움 속에서 하나님의 숨결을 느끼고 이 모든 것을 창조하신 하나님과 친밀한 교제를 나눌 수 있음이 진정한 행복이다.

> 그 날에는 내가 아버지 안에, 너희가 내 안에, 내가 너희 안에 있는 것을 너희가 알리라(요 14:20)

위와 같이 주님과 하나되는 친밀함 가운데 있게 된다면 굳이 당신의 사정을 일일이 고하지 않아도 성령께서 가장 좋은 것으로 응답해 주신다. 이것이 침묵기도의 최상의 혜택이다.

　침묵기도는 반복적인 훈련을 통하여 점점 깊은 영혼의 안식을 경험할 수 있다. 그리고 마침내 주님과 하나가 되는 평화의 강물 속에서 황홀함을 느끼게 될 것이다.

> 그러므로 염려하여 이르기를 무엇을 먹을까 무엇을 마실까 염려하지 마라 이는 다 이방인들이 구하는 것이라 너의 하늘 아버지께서 이 모든 것이 너희에게 있어야 할 줄 아시느니라 (마 6:31, 32)

침묵기도 가운데 기록한 영성일기

2003년 5월 22일

　나는 내 영이 주님을 만날 때마다 늘 흐느끼고 울었다. 왜 그리도 많이 울었을까? 이유도 모르고 펑펑 운 세월이 30년이나 되어간다. 조용히 찬양을 들으며 말없이 주님을 묵상하다가 흐느끼기 시작한다.

　"주님! 주님의 음성에 목마릅니다. 오늘은 아주 많이, 깊이, 주님과 대화하고 싶습니다. 저는 주님이 저를 얼마나 사랑하시는지, 나보다 더욱 나를 만나기를 원하시는지 알아요. 그래서 감사해서 울어요.

　주님! 눈물이 앞을 흐리게 합니다. 주님을 기쁘게 해드리고 싶은 것이 내 생애 최고의 목표임에도 불구하고 항상 기대에 못 미치는 자신을 볼 때마다 죄송하고 미안합니다. 어떻게 하면 주님의 기대치에 도

달할 수 있을까요?"

"사랑하는 내 딸아! 내가 네 눈물을 보았고, 찢어지게 우는 네 가슴을 내 품에 안는다. 나는 너의 그 모습을 사랑하고 기뻐한다. 네가 날 위해 아무것도 하지 않아도 나를 향한 네 목마름과 눈물과 그 사랑으로 나는 만족하단다. 눈물보다 더 진실됨이 없는 것을 너도 잘 알지? 네가 많은 헌금을 하고 세계 열방으로 고생하며 복음을 전하러 가야만 내가 너를 더 사랑할 것이라고 생각하느냐? 사랑하는 내 딸아, 나는 네 존재만으로 만족하단다. 무엇을 하려고 애태우지 말고 내 안에서 안식하거라. 내가 주는 평화의 강물에 젖어 내 나라의 어떠함을 맛보거라. 이제 더 자주 만나자. 너와 이런 시간 갖기를 오랫동안 기다렸다."

나는 조용히 눈을 감고 주님이 주시는 평화의 강물 속으로 들어갔다. 가슴 깊은 속에서 안개처럼 피어오르는 평화가 올라온다. "주님! 세상에 부러울 것이 없네요. 저는 정말 행복합니다."

잔잔히 흐르는 바이올린 소리의 선율을 따라 나의 영안은 열리고 하얀 드레스를 입은 나는 주님을 향해 춤을 춘다. 주님의 얼굴에는 흐뭇한 미소가 띄워지고 가끔 손뼉도 쳐 주신다.

"사랑하는 딸아 이것이 진정한 예배다. 이것이 너와 나의 만남의 교제란다. 나는 오늘 아주 만족하고 기쁘다. 이런 시간을 자주 갖도록 하자."

"네, 감사합니다. 주님!"

2008년 12월 21일

"주님! 오늘 제게 말씀하시고 싶은 것이 무엇인가요?" "오늘은 내가 너를 얼마나 사랑하는가를 말해 주고 싶구나!" "네, 압니다."

"저를 살리시려고 물과 피를 다 흘리시면서 끔찍한 십자가의 형벌을 받으셨습니다."

"그러면, 너는 어떠하냐?"

"주님! 저도 마음을 다하고 목숨을 다하여 하나님을 사랑하고 싶습니다. 그런데 입술로는 그렇게 말하지만 그렇게 실행하지 못하고 있습니다."

"사랑은 자기 자신을 모두 내어주는 것이란다."

"아직도 제 안에 탐욕이 있습니다. 불쌍히 보시고 오직 주님으로만 채우게 해 주세요."

"내가 너를 사랑하듯이 받은 사랑을 흘러 보내거라."

"네 주님, 노력하겠습니다. 그러나 주님의 은혜가 없이는 아무것도 할 수 없습니다."

가슴에서 생수의 강이 흐름을 느낀다. 아~~! 이것이 바로 성령의 흐름이구나!

"주님! 더 깊이, 더 깊은 곳으로 인도해 주세요." "사랑하는 딸아, 내가 너를 더 강건케 하리라." 주께서 내 영 안에 생수를 먹이신다. 이후로부터 나는 몇십 년 동안 아픈 적이 한 번도 없었다. 코로나, 독감… 가족이 모두가 걸렸어도 주님은 언제나 나를 보호해 주셨다.

"주님! 제가 무엇을 놓고 기도하시길 원하십니까?"

"나라와 민족과 세상에 구원받지 못한 백성을 위해 중보하거라." 주님의 마음과 눈은 구원받지 못한 백성을 향하여 있음을 보고 근시안적으로 내 자식들, 내 남편, 내 생업만을 놓고 기도해 온 자신을 회개했다. 많은 세월 동안 했던 기도는 내 중심의 기도였고, 진정한 중보가 아니었음을 조명해 주셨다.

"다음은 영적지도자들을 위해 중보하거라."

주님의 이름을 이용하여 명예와 부를 이루는 지도자들을 위해 대신 회개하게 하였다. 우리의 지도자들이 주님을 닮게 해 달라고 기도했다.

2008년 12월 23일

오늘도 주님을 기다리고 앉아 있었다. 고요히 흐르던 눈물은 시간이 지나며 통곡으로 변해갔다. 40분 동안 목 놓아 울며, 통곡에 통곡을 했다.

"주님! 제가 죄인입니다. 용서해주세요. 나는 사람도 아닙니다." 엄마로 인해 가슴에 피멍이 든 아들 다니엘의 상처가 보였다. 내 가슴은 갈가리 찢어지는 듯 아프고 아팠다. 내 아들 가슴도 이렇게 아팠을까? 시댁으로부터 철저하게 내동댕이 쳐진 아픔 뒤에 선택한 분노는 나를 방황의 길로 인도했다. 철저하게 복수하고 싶었다. 어미의 방황을 보며 유난히 착했던 어린 아들은 혹시 엄마가 저를 두고 떠날까 봐 두려웠단다.

"주님! 나를 용서하시고 내 상처들을 치유해 주신 주님! 사랑하는 아들 가슴에 박힌 못을 빼내 주시고 주님의 못자국 난 피 묻은 손으로 만져주셔서 상처를 치유해 주세요."

몸부림치고 울다 보니 내 가슴에 시원한 느낌이 들었다. 그러나 "한

쪽에서 무서운 사탄의 음성이 들려와서 깜짝 놀랐다.

"네가 죄를 지었으면 대가를 지불 해야지. 너는 죽어 마땅해 죽음으로 자식들에게 네 죄 값을 치러봐! 그래야 자식들이 너의 진심을 알아줄거야."

두려운 것은 '정말 그럴까? 그럼 죽을까?' 은근히 죽음을 생각하는 것이었다. 나는 소름끼치도록 소스라치게 놀랐다. 전혀 생각한 적이 없었던 생각을 들게 한 사탄을 꾸짖고, 주님이 내 죄를 사해 주셨음을 선포했다. 차츰, 가슴에 평화의 강물이 흐름을 느낄 수 있었다. 내 영이 부끄러워 고개를 못들 때 주님이 내 얼굴을 들어 주시며 네 대신 내가 죽어서 벌을 받았으니 이제 너는 더 이상 죄인이 아니라고 하시며 감사하고 기뻐하라 하신다.

"주님! 주님의 처참한 십자가의 죽음을 보며 어찌 염치없이 나대신 죽어 주심을 감사할 수 있나요? 주님 저는 죄송하고 미안하고 갚을 길도 없고 너무 뻔뻔한 것 같아요."

"다시는 가서 죄를 짓지 말아라. 내 양을 먹여라." 이 두 마디 말씀을 하신다.

"네, 그렇게 하겠습니다. 그러나 그 역시 내 힘으로는 할 수 없습니다."

"네 아들 다니엘을 위로하는 차원에서 그 아들에게 복을 줄 것이다."

2008년 12월 31일

한 시간만 있으면 2008년도가 지나가고 새 날이 온다. 평생에 처음 만져본 큰 돈 100만 불을 다 날린 날이다. 그동안 주님께서 주신 물질을 제대로 관리하지 못한 죄책감으로 많이 괴로웠다.

토니 로마스 레스토랑을 정리하고 피곤하게 돌아와 아버지 앞에 앉았다. 내 욕심 때문에 아버지의 물질을 잘 관리하지 못함으로 인하여 찢어지는 가슴의 통증을 느끼며 회개하고 울었다. 주님도 가슴 아파했을 것을 생각하고 또 울었다.

"주님! 어리석은 저를 용서해 주세요. 주님이 주신 물질을 잘 관리하지 못한 죄를 용서해 주세요."

"사랑하는 딸아, 내가 너를 용서했고, 이제 새 일을 네게 맡기겠다. 너는 이제 새로운 인생을 살 것이고, 삶의 의미가 달라질 것이다. 너는 섬기고 봉사하며, 내 이름을 높이게 될 것이다. 네가 시련을 감사함으로 원망 없이 잘 견디었기에 내 마음이 기쁘고 고맙다."

"주님! 제게 지혜를 주세요." "이미 네게 지혜와 계시의 영을 주었다."

"주님, 이제 30분 후면 2009년이 되고 새 날이 오는데 제게 하실 말씀은 무엇이지요?"

"깨어라. 근신해라. 베풀어라. 내가 너를 도우리라. 나의 굳센 오른손으로 너를 붙들리라."

"제가 특별히 기도해야 할 것은 무엇인가요?"

"내 나라의 도래를 위해 기도하고, 세계에 나가 있는 선교사를 도와라. 기도로 준비하며 준비하여라."

이 일이 있은 지 1년 후 내 나이 60! 회갑이 지나 주님은 나를 강권적으로 신대원에 보내시고 친히 오늘까지 인도하셨다.

2009년 1월 15일

주님의 임재가 가슴 깊은 곳에서 느껴진다. '주님 더 가까이 임하소서.' 눈을 감고 임재를 기다린다. 형언할 수 없이 불타오르는 주님을 향한 사랑이 채워짐을 느끼며 이 신비함을 글로 다 표현할 수 없음이 아쉽다. 환상이 보인다. 난로에 불을 피우듯 잔디밭 이곳 저곳에서 불이 붙는다. "주님! 불이 더 크게 번지게 해 주세요. 이 집을 다 태우고, 점점 더 번지게 해 주세요." 점점 커지는 불꽃을 바라보았다. 곧이어 내 영이 주님과 거룩한 만남이 시작되며 나는 흐느낀다. 언제나 주님을 만날 때마다 나를 감격하게 하시니 행복함으로 나의 몸과 마음은 훨훨 날아가는 듯하다.

"주님! 주님도 저를 만날 때 이렇게 감격하시나요?"

"십자가를 보거라."

나는 또 울었다. 죽기까지 사랑하신 그 사랑을 어디다 비교할 수 있으랴. 드디어 소리 내어 엉엉 울었다. 주님의 못 자국 난 손이 내 앞으로 크게 다가왔다. 주님 용서하세요. "주님 저를 어떻게 생각하시는지요? 제가 지금 잘하고 있는지…듣고 싶습니다."

"사랑하는 딸아, 너는 나의 자랑이고, 위로다."

"너는 나의 기쁨이고 동반자다."

"너는 나의 사랑하는 딸이다. 친구이고 신부다."

"주님! 제 사명을 다시 한번 확인해 주세요."

"마태 28:19-20! 내가 네게 맡겨준 영혼을 위해 내가 네게 했듯이 행하거라."

> 너희는 가서 모든 민족을 제자로 삼아 아버지와 아들과 성령의 이름으로 세(침)례를 베풀고 내가 너희에게 분부한 모든 것을 가르쳐 지키게 하라. 볼지어다 내가 세상 끝날까지 너희와 항상 함께 있으리라 하시니라(마 28:19, 20)

"네, 주님! 주님의 심장을 주세요. 순종하겠습니다."

2009년 1월 20일

"주님! 며칠 동안 못 뵈었습니다. 주님과 만나는 시간이 너무 그리웠습니다. 오늘은 정말 주님의 임재 속으로 깊이 들어가고 싶어요."

나는 찬양하며 앉아서 기다렸다. 전에는 기다렸다는 듯이 빨리 느껴지던 주님의 임재가 30분 동안 찬양을 드렸으나 오늘은 미미하게 느껴질 뿐 깊은 만지심을 느낄 수 없었다. 며칠 동안 주님이 나를 기다리시다가 섭섭하셨나?

주님을 갈망하며 계속 찬양하며 기다리고 기다렸다. 이제 펜을 들라는 감동이 왔다. 주님 임재의 무게와 가슴에서 흐르는 평강의 샘물을 느낄 수 있었고 가끔 몸이 심하게 흔들렸다.

"주님 마음대로 하십시오. 제 몸도, 마음도 주님 것입니다. 주님으로 충만하지 않은 삶은 무의미하고 무가치함을 며칠 동안 더 느꼈습니다. 이러다 보니 세상에서 가까웠던 사람이라도 주님을 알지 못하는 사람과의 교제는 시간 낭비일 뿐이라는 생각이 듭니다. 그럼 그런 사람들과는 교제를 끊어야 하나요?"

"너는 그 사람들에게 복음을 전했느냐?"

"죄송해요. 전하긴 했으나 힘을 다하지는 못했어요. 저는 그 사람들이 복음 전하는 저를 싫어할까 봐 두려움을 갖고 있어요. 어떤 사람은 주님을 부인하지 않고 다만 교회를 정하지 못했다며, 곧 나가겠다고 해서요."

"오늘 밤 내가 그 영혼을 부른다면 그들이 구원받을 수 있겠느냐? 내가 네게 그 책임을 물으면 어떻게 대답하겠느냐?"

"주님 정말 잘못했습니다. 용서해주세요. 때를 얻든지 못 얻든지 예수님, 십자가 전해야 하는데…."

"그들을 위한 기도는 얼마만큼 했느냐?"

"조금 했습니다. 용서해주세요."

"네 영혼이 피곤하고 무의미하고 아무 즐거움이 없었던 것을 이제야 알겠느냐?"

"오~아버지! 제가 죄인입니다. 잘못했습니다. 용서해주세요. 복음 전하는데 열정도 부족하고 영혼에 대한 어떤 사랑도 없었습니다. 나 혼자만 주님과 교제하는 것을 즐겼습니다. 나 혼자 성령 충만하고, 예수님 사랑하고 사랑받으면 충분한 것으로 생각했습니다. 제가 얼마나 이기적이고 자기 중심적이었음을 고백합니다. 저를 불쌍히 보시고 예수님 사랑의 심장을 주세요."

이렇게 기도하고 나니 이제야 주님의 깊은 평강과 기다리고 기다린 주님의 임재가 강같이 흘렀다.

2009년 1월 23일

나는 오늘도 영 가운데 주님을 만나 강둑길도 걷고 들판에 앉아 웃고 있었다. 그러다가 옥합을 깨트려 향유를 주님의 머리에 붓고, 눈물로 발을 씻기고, 머리털로 닦는 마리아를 생각했다. 그 마리아가 바로 나로 바뀌었다. 주님의 발 앞에 엎드려 울고 울며 나의 머리털로 주님의 발을 닦았다. 십자가를 지시고 골고다로 가시는 예수님! 나는 주님을 보고 뒤에서 소리내어 울면서 따라갔다.

"주님! 제가 없었더라면 십자가를 안 지실 수도 있었나요?" "아니다. 너뿐 아니라 온 인류의 죄를 다 짊어지기 위해 십자가를 질 수밖에 없었단다."

30여 년 전, 처음 주님께서 내 삶에 깊이 찾아오셔서 은혜를 부어 주실 때, "주님 왜 십자가에서 돌아가셨어요? 내가 죽어야 마땅한데 나를 죽게 그냥 두시지 왜 그러셨나요?" 하며 간장이 녹아지듯 울었다. 나 대신 돌아가신 주님을 찬양하며 감히 기뻐할 수가 없었다. 너무 파렴치하고 너무 뻔뻔하다는 생각 때문에 감사하다는 표현으로는 도저히 충분치 않았다. 나대신 다른 사람이 죽었는데 내가 살게 되었다고 어찌 기뻐하며 손뼉 칠 수 있다는 말인가! 그때 주님께서 말씀을 주셨다.

> 나는 부활이요 생명이니 나를 믿는 자는 죽어도 살겠고 무릇 살아서 나를 믿는 자는 영원히 죽지 아니하리니 이것을 네가 믿느냐
> (요 11:25, 26)

또 이어 말씀하셨다.

"내 딸아, 십자가를 통과해야 하지만 나는 부활했다! 초점을 부활에 두어라."

"그런데 왜 저는 아직도 십자가만 생각하면 이렇게 울지요?" "십자가 사건에만 머물러 있는 것은 바람직하지 않지만, 그 사건은 잊을 수도 없고, 잊어서도 안 되는 표징이다. 그것을 가슴으로 받아들여 너처럼 현실적인 감각으로 생생하게 받아들일 수 있다면 그만큼 부활의 기쁨도 크게 느낄 수 있단다. 그것이 나의 온 인류를 향한 바람이란다."

"사랑하는 내 딸아, 너에게 더 많은 비밀을 말하고 싶으니 더 가까이 나와라."

"내 양을 먹여라. 내 나라가 가까이 온다. 구원받지 못한 영혼들을 향해 더욱 기도에 힘쓰고 애타는 마음을 가져라."

"주님! 저의 이기적인 신앙생활을 용서해주세요. 내 가정, 내 자식, 내 사업, 내, 내…부끄럽습니다. 여태껏 이것밖에 안 되니…"

항상 주님과 이렇게 만나고 난 후에는 주로 방언 기도를 한다. 이렇게 주님과 깊은 교제의 시간은 서너 시간이 눈깜박할 사이 지나갔다.

2009년 1월 25일

주님의 임재 앞에서 온 마음과 몸으로 찬양을 드리고 나니 오늘은 특히 주님의 기름 부음이 머리부터 세포 깊은 곳까지 전신으로 흘러들었다. 머리에 떠오르는 생각이 있었다. 시애틀 교회에서 주일 예배를 드릴 때 어떤 자매가 하나님이 보내서 왔고 주님이 주신 말씀이라며 앞에 나와서 말씀을 나누었다. 물론 좋은 격려의 말씀이었고 모든 사람이 이미 알고 있는 말씀이었다. 그러나 왠지 내 마음은 썰렁함을 느꼈다.

나는 주님께 여쭤보았다. "주님! 오늘 혹시 그 자매를 제가 잘 모르고 마음으로 판단했다면 용서하시고 말씀해주세요." 말이 끝나기도 전에 "그 자매를 위해 기도하라. 불쌍히 여겨라"는 말씀이 떠올랐다. 또 주님께서 안타까워하신다고 하셨다. 무엇일까? 주님 더 구체적으로 말씀해주세요.

"영적인 멘토가 없다. 훈련되지 못해서 실수가 잦으니 이해해라."
"주님! 그 여자의 말이 과연 성령으로부터 흘러나온 것이며 그 여자 정말로 성령의 열매가 맺어진 삶을 사는지요?"

"성령의 은사는 받았다. 그러나 치유되지 않은 상태라서 여러 사람에게 상처를 입히고 사탄이 은사를 이용하는 경우가 많다."

"그럼 제가 어떻게 해야 하나요? 저는 남의 일 간섭하기도 싫고 또 그 여자는 제 스타일도 아니고요. 별로 상대하고 싶지 않은데요."

"사랑할 만한 사람만 사랑하는 것은 이방인도 하느니라.'

"주님! 죄송하지만 그냥 모른 척 적당히 지내면 안될까요?"

"입장을 바꾸어 네가 만약 그 여자라면 어떻겠니?"

"그럼 그냥 뒤에서 생각날 때마다 중보할게요."

"넌 참으로 사랑이 부족하구나!"

"다른 사람을 쓰실 수도 있잖아요."

"실망이다."

오 주님! 나는 울었다. 정말 그 여자를 위해 기도하기가 싫었기 때문이다. 괜히 그 여자에 관해 물어보았네…. "주님, 기도하면서 생각해 보겠습니다. 주님! 사랑이 없고 사람을 가려서 사귀고 남의 교만을 지적하고, 내 모습은 못 보는 부족한 저를 용서하세요. 이것이 저의 모습입니다. 주님! 정말 저는 형편없군요. 그러나 주님이 원하시면 순종하겠습니다."

2009년 1월 28일

오늘도 십자가 앞에 나아 와 앉았다. 성령님 임하소서! 더 충만히 임하소서! 며칠 동안 분주함과 여러 가지 생각들은 주님과의 깊은 시간을 갖는데 방해가 되었다. 성령의 바람이 스치는 것이 아니고 성령이 제 안에 녹아 머무르기를 원했다. "사랑하는 딸 미자야, 너 요즘 많이 힘들지?" 나의 여러 가지 이름 중에서 주님은 언제나 원래의 내 이름을 부르셨다.

말씀이 끝나기도 전에 내 속에서 "아니요, 괜찮습니다." "잘 견디고 나를 의지하고 세상을 바라보지 않음을 칭찬하고 싶다." 또 가슴 깊은 곳에서 평강의 강물이 흐름으로 성령의 운행하심을 느낄 수 있었다. 적막한 숲속, 이곳에 요양원 공사를 하려고 들어온 지 두 달이 넘었다. 특히 오늘은 홀로 있다는 것이 더욱 감사함으로 느껴졌다. 마음껏 부르짖고, 마음껏 울고, 마음껏 경배할 수 있어서 감사하다.

"주님! 이런 환경을 허락하심이 너무 감사합니다. 주님! 오늘은 말씀을 많이 주세요."

"앞으로 당분간 세상은 더 어려워질 것이다. 이 가운데 진정 믿음의 사람을 구별할 예정이다."

"주님, 세상이 경제적으로 어려움이 올 수도 있다는 말씀이신가요?"

"물론 경제적인 것도 있지만, 처처에 기근과 지진, 이름 모를 질병, 전쟁과 전쟁의 소문으로 인해, 사람들의 마음이 완악해지고 강퍅해져서 불신과 죄악이 만연해질 것이고 사랑이 없고 죄악이 득세할 것이다. 내 때도 많이 남지 않았다. 땅에서 잘 살아보려는 욕망을 버리고 내 나라에 소망을 둔 자들만이 구원을 받게 될 것이다. 내 나라의 준비가 거의 끝나간다."

"주님! 이때 제가 무엇을 해야 하나요?"

"딸아, 너는 무엇을 해야 내가 기뻐하리라는 생각과 우려함을 갖고 있구나! 이렇게 네가 나를 기억하고 함께 있고 싶어 하고, 내게 말할 기회를 주는 것, 이것이야말로 내가 기뻐하는 예배란다."

"주님! 제 마음은 부요로 벅찹니다. 너무 행복해서 소리를 지르고 싶습니다. 내 안에 계시는 성령이여, 저의 사랑과 감사를 받으소서!"

'영혼에 대해 더욱 마음을 쓰고 한 영혼이라도 구원시키는 일에 보다 적극적이고 열심을 품고 기도하라.' "말세에 거짓 선지자를 조심하라."

"주위에 기도하는 자들과 함께하고, 많은 영적 동지들과 함께 있어라. 모여 기도하는 시간을 가질 때 강력한 능력이 나올 것이다."

"주님! 잘 알겠습니다. 순종하겠습니다."

주님과의 대화의 시간이 지나면 늘 하던 대로 부르짖고 방언기도에 들어간다. 어느 사이 한 시간이 지나 묵상 CD는 마지막 곡을 조용히 마무리했다.

"주님! 사랑합니다. 홀로 영광 받으소서. 나의 아빠 나의 하나님!"

2009년 2월 1일

목놓아 실컷 울었다. 창자가 녹듯 한없이 울고 나니 가슴이 시원해 옴을 느꼈다. 다른 때와 달랐다. 특별한 감동이 솟아올라, 일어서서 춤추며 찬양과 경배를 드렸다. 주님이 보고 싶고 더욱 가까이 만나기를 갈망하는 마음이 간절했다.

"주님, 사랑하는 주님을 더 확실히 느끼기를 원합니다. 무엇이 주님과 나 사이에 막혀 있나 보여 주십시오. 어제는 교만에 대해 회개하라 하셨지요. 오늘은 무엇이 남아있나요?

"주님! 제 믿음의 연약함을 불쌍히 보십시오. 정작 주님 한 분만으로 만족한다 하지만 저는 아직도 남아 있는 재산을, 물질을 계수하며 그것에 의존하려고 합니다. 불쌍히 여겨 주세요."

"사랑하는 딸아! 어려움 가운데 감사하며 의연하게 버티는 너의 모습 속에서 믿음을 보았다. 네가 나를 의지함으로 화가 네게 미치지 못할 것이다."

"주님! 야베스의 기도처럼 주의 손으로 내 가정을 도우사 환난 날을 벗어나 근심이 없게 하소서."

"내가 너와 네 자손에게 복을 주고 창대케 하리라."

"주님, 평생 살아가면서 나의 믿음은 주를 향한 열정으로 더하게 하시고 나도 모르는 사이 내 영에 굳은살이 붙지 않도록 항상 성령 안에서 민감하게 하소서. 잠시라도 주님에게 눈을 떼지 않고 한순간도 주님을 잊지 않게 하소서!" 나는 또 감격하여 울었다.

"주님 감사합니다. 행복합니다. 바로 이 충만함과 거룩한 소원들이 약해지지 않도록 도와주세요. 성령님 임하세요. 더 가까이, 계속 더 임하세요. 저를 불쌍히 보세요. 주님 없이는 잠시도 못 살게 된 저를 좀 더 많이 만나주세요. 저의 소원이 있다면 주님을 더 알고 더 친하고 주님의 음성을 더 잘 듣는 것입니다. 천국을 한 번 볼 수 있다면… 이 땅에서 주님이 하신 것처럼 그 권세와 능력들이 나타날 수 있다면…"

"이미 다 주었다. 받은 것을 믿고 행하거라."

"감사합니다. 사랑합니다."

"네게 부탁할 것이 있다." "말씀하세요 주님!"

"중보다. 네 눈물의 중보 기도가 필요하구나! "

온 땅의 주인이신 왕 중의 왕이신 분이 내게 중보를 부탁하시다니…

"네, 주님! 하구말구요. 당연히 순종하겠습니다."

2009년 2월 4일

내가 달려갈 길과 주 예수께 받은 사명 곧 하나님이 은혜의 복음을 증언하는 일을 마치려 함에는 나의 생명조차 조금도 귀한 것으로 여기지 아니하노라 (행 20:24)

바울이 대답하되 여러분이 어찌하여 울어 내 마음을 상하게 하느냐 나는 주 예수의 이름을 위하여 결박당할 뿐 아니라 예루살렘에서 죽을 것도 각오하였노라 (행 21:13)

위의 말씀들이 레마로 다가오며 나는 울었다. 사도 바울의 주님을 사랑하는 열정과 인간의 정을 뿌리쳐야 하는 복잡하고 착잡한 심정이 그대로 내게 전가되어 가슴이 저미는 아픔과 함께 말씀을 붙잡고 울었다. 사도행전과 로마서를 읽으며, 주옥 같은 귀한 말씀들이 때로는 뜨거움으로, 때로는 눈물로, 소망으로, 내 영혼에 새겨져 꿀처럼 빨아들이며, 내 영혼은 "아멘! 아멘"으로 화답했다.

"내 딸아, 참으로 기쁘다. 네가 바울의 모습에서 은혜를 받았으면 너도 바울처럼 나가야 하지 않겠느냐? 반드시 여기저기 다녀야 한다는 것은 아니지만, 내가 원하는 것은 네가 복음의 증인이 되어 받은 사명 가지고 전진하고 달려가는 것이다. 그런데 그 길은 험한 길이다."

"네! 주님께 순종하여 주님의 사랑받는 종이 되겠습니다."

이렇게 주님과 오래도록 만난 이듬해, 하나님께서는 나를 신학대학원으로 인도하셨다.

2009년 4월 7일

오늘도 주님 앞에 나와 앉았다. 주님과 더 가까이 있고 싶어서 소리쳐 엉엉 울었다. "주님! 열정을 더 불러일으켜 주십시오." 부르짖었다. 영적 굶주림 때문에 아직도 은혜가 덜 채워진 것 같아 안타까웠다.

"주님, 나의 사역지는 어디이며 무엇입니까?" 여쭙자마자 마음속에 또렷이 주님의 음성이 들렸다.

"네 사역지는 가정이고 남편이다. 어느 곳이 되었든 네 남편이 있는 곳에 있거라. 남편에게 순종하고 결정권을 남편에게 양도해라. 내가 네 남편에게 판단력과 지혜를 주어 그에게 방향을 결정할 수 있는 능력을 줄 것이다.

나는 울었다. 평생토록 가장 힘들어하는 숙제인 남편의 문제를 주남께서 수술하시려는 것처럼 느껴졌다. 오래참고 기다리신 주님의 마음이 느껴지며 한없이 울었다.

"예! 예! 순종하겠습니다. 그런데 주님이 도와주시지 않으면 저는 못합니다."

> 아내들아 이와 같이 자기 남편에게 순종하라 이는 혹 말씀을 순종 하지 않는 자라도 말로 말미암지 않고 그 아내의 행실로 말미암아 구원을 받게 하려 함이니(벧전 3:1)

"너는 지금 성경 전체를 읽어 나가고 있지만, 이제는 그날 그날 주어지는 말씀을 묵상하고 그 말씀이 네 피와 세포 속에 스며들도록 연습하여라. 말씀이 네 삶 속에서 역사하는 능력을 체험하게 될 것이다."

2009년 5월 19일

너의 사역지는 가정이고 남편이라는 말씀에 순종하고 한국에 온지 한 달이 넘었다. 오늘도 나는 너무나 슬프게 울고 울었다. "주님, 당신의 음성을 제대로 듣지 못하는 이유가 무엇입니까?" 안타까워하며 발을 동동 구르며 배를 움켜쥐고 울었다. "제가 집 판 돈 십일조를 누구에게 전달해야 할지 묻고 있는데 왜 답을 안 주십니까?"

갑자기 쾅쾅쾅! 문 두드리는 소리가 났다. 아파트 경비가 왔다. 위층에서 시끄럽다고 불평하니 좀 조용히 해달라는 것이었다. 다시 주눅이 들어 조용한 음성으로 여쭈었다. "주님, 말씀해 주세요. 잠시 후, 생활고로 고생하는 신인철 선교사가 생각이 났다. 그는 절에서 주지승까지 하고 하나님을 만나 목사가 되었고, 오랫동안 필리핀 선교지에 있던 분이다."

"주님! 신인철 선교사에게 십일조를 드리는 것이 확실하다면, 내일 중 그분에게 전화가 오게 해주세요. 전화가 온다면 주님의 음성으로 확실히 믿겠습니다." 나는 주님의 말씀을 감동으로 받은 후에는 언제나 이같이 사인을 구한다. 신 선교사님과 별로 전화하는 사이가 아니기 때문에 그분에게 전화가 올 확률은 매우 적었다.

다음 날이 되었다. 온종일 친구 옥휘가 집에 와 있었고, 나는 하나님의 사인을 구하고 기다리는 중이라는 이야기를 하였다. 저녁을 먹고 친구가 떠난 후에도 선교사님에게는 전화가 없었다. "그러면 그렇지!" 혼자 마음대로 사인을 정하고 하나님의 음성을 멋대로 기다렸구먼…. 8시가 넘었다. 다시 기도하려고 하는데 전화벨이 울렸다.

'신인철!'

전화기에 이름이 뜨는 것이 아닌가! 놀라움으로 전화를 받았다.

"아~~ 선교사님!" 반가움에 소리를 쳤다. 주께서 그토록 주님 음성에 목말라 하는 기도를 들으시고 응답해 주심이 너무 감사했다. 드려진 십일조는 주님이 받으셨고, 신 목사님이 교회를 개척하는데 기초가 될 수 있었다. 할렐루야!

제14장

목사로 부르심

최초의 축도

강남대학교 신학대학원에서 합격통지가 왔다. 그동안 신학교에 가고 싶은 감동이 여러 번 있었다. 그때마다 목회자로서 실수하고 잘못하면 주님의 영광을 가리게 될 것 같아 두려워 신학교에 들어갈 자신이 없었다.

> 너희는 선생된 우리가 더 큰 심판을 받을 줄 알고 선생이 많이 되지 말라(약 3:1)

이러한 말씀 때문에 망설이고 망설이다 60이 넘어 신대원 학생이 되었다. 41년 만에 학생이 되니 지난 날 대학캠퍼스를 긴머리를 나풀거리며 걷던 백양로의 추억도 살포시 그리웠다.

그즈음 우리는 가정 교회를 개척해서 상처받고 찢긴 영혼들을 돌보고 있었다. 사역하랴, 60이 넘어 학교 다니랴, 밤새워 책 읽고 리포트 쓰랴… 시간이 모자라 서너 시간 밖에 수면을 못 취하다 보니 주님과 단둘의 시간을 못 가졌다. 얼마나 영혼이 컬컬하고 답답하든지 지쳐만 갔다.

목사가 되기 위해서는 목사 고시를 치러야 했다. 나는 망설였다. 과연 목사가 되는 길이 주님 뜻인가? "하나님 아버지, 진정 나 같은 사람이 필요하세요?" 여쭙고 또 여쭈었다.

"하나님 아버지! 저를 부르심이 확실하다면 제게 표적을 보여 주십시오. 표적은 논문, 성경 시험, 설교, 인터뷰에 이르기까지 모두 단번에 합격하게 해 주십시오." 많은 사람이 이 중 한 과목 정도는 떨어지고, 재시험을 친다는 소문을 들었던 터라 나의 부르심을 확인하고 싶었다. 아버지께서는 응답해 주셨다. 부족한 나를 전 과목, 우수한 성적으로 합격시켜 주셨다.

목사 안수식이 가까워지고 있었다. 남들은 은퇴할 나이에 목사가 된다는 것이 하나님의 뜻인지 다시 기도했다. 허세나 사치가 있는 것은 아닌지 거듭 점검했다. 기드온이 하나님의 사인을 확인하고 또 확인했던 말씀이 이해가 되었다.

> 보소서 내가 양털 한 뭉치를 타작마당에 두리니 만일 이슬이 양털에만 있고 주변 땅은 마르면 주께서 이미 말씀하심 같이 내 손으로 이스라엘을 구원하실 줄을 내가 알겠나이다 하였더니 그대로 … 원하건대 양털만 마르고 주변 땅에는 다 이슬이 있게 하옵소서 하였더니 그 밤에 하나님이 그대로 행하시니 (삿 6:37-40)

안수식이 끝날 때 신임 목사 중 한 사람을 뽑아 축도를 시키는 관례가 있다. "아버지 저를 목사로 부르심이 확실하다면 마지막으로 다시 한번 더 사인을 구합니다. 식이 끝날 때 제게 축도할 수 있도록 축도권을 주신다면 주님의 부르심으로 확신하겠습니다."

사실 이 조건은 쉬운 것은 아니었다. 당시 37명의 후보자 중에는 MIT 공대 박사를 포함하여 박사만 5명 정도 있었다. 나는 박사도 아니고, 나이도 많았다. 하나님 뜻을 확실히 알지 못하고는 결코 안수를 받을 수 없었다. 하나님은 왜 이 나이에 부족한 나를 부르시는지… 많은 축하객과, 안수 위원들을 향하여 축도하게 하심으로 나의 부르심을 확인시켜 주셨다.

2013년 3월 2일에 있었던 목사 안수식은 호서대학교 대강당에서 700여 명의 축복을 받으며 은혜롭고 경건하게 진행되었다. 미국에서 신학대학원 교수로 있는 큰아들과 사업하는 작은아들 모두가 와서 축하해 주었다. 더욱 감사한 것은 남편이었다. 돌아가시기 전에 안수식에 참석하고 생전 처음으로 꽃다발을 주며 멋쩍어 했다. 목사가 무슨 벼슬인 줄 알고 친지들에게 전화를 걸어 "우리 마누라 목사 라이센스 땄어."라며 순박하게 자랑하던 남편이 뒤늦게서야 내게 주신 가장 귀한 선물이었음을 알게 되었다.

"하나님 아버지! 제가 무엇이기에 여러 가지 상황을 통해 확인, 또 확인시켜 주시면서까지 저를 이 자리에 세우십니까? 두렵습니다. 떨립니다. 제가 교만해지면 저를 떠나십시오."

제15장

예수님의 소원,
선교

일류 최초의 선교사는 하늘 보좌로부터 오신 예수 그리스도시다. 또한 예수님은 이 땅을 떠나시기 전 마지막으로 사랑하는 제자들에게 부탁하신 당부한 말씀은 다음과 같다.

> 너희는 가서 모든 민족을 제자로 삼아 아버지와 아들과 성령의 이 름으로 세(침)례를 베풀고 내가 너희에게 분부한 모든 것을 가르쳐 지키게 하라(마 28:19)

만일 당신이 예수님의 지상명령에 순종하길 원한다면 선교하라. 십자가 사건으로 값없이 죄사함 받고 영원한 천국을 소유한 우리가 유일하게 하나님 은혜의 억만 분지 일이라도 갚기를 원한다면 선교하라. 예수님의 마지막 소원은 교회 확장이 아니라 하나님 나라 확장이다.

예수께서는 그 일을 위해 제자들을 부르셨고, 제자들에게 추수꾼이 되어 나아가라고 말씀하셨다. 여태껏 그리스도인으로 살면서 받은 은혜가 얼마나 큰가! 주님께 갚을 것이 얼마나 많은가! 가는 선교사가 되든지 보내는 선교사가 되든지 하라. 이것이 바로 주님을 가장 기쁘게 해 드리는 헌신이요 충성이다. 하나님은 선교를 위해 이 땅에 교회를 세우고 운행하신다고 말할 수 있다.

선교사의 꿈

2006년 9월 11일, 그동안 한국에서 많은 영성 훈련을 받았다. HIS(Harvest International school) 선교회에서 훈련받을 때에는 미국에서 훌륭한 강사들이 왔다. 그분들을 섬기는 일을 할 수 있도록 주님은 기회를 주셨다. 오시는 강사님마다 정성을 다하여 모시고 나면 강사님들은 떠날 때 온 마음을 다해 축복과 기름부음을 쏟아부어 주시고 갔다. 얼마나 감사하고 큰 주님의 은혜인가!

하나님은 계속 영적인 꿈을 주셨다. 동일한 꿈을 반복적으로 꾸는 몇 가지가 있었는데 그중 사역하는 꿈을 여러 번 꾸었다. 이제는 더 이상 배우려고 다니지만 말고 그동안 훈련하고 배운 것을 흘려 보내라는 말씀을 계속 주셨다.

나는 선교사가 되고 싶었다. 이름 없이 빛도 없이 남들이 알아주지 않는 곳에서 예수님 전하고 살다가 하나님 나라에 가고 싶었다. 시애틀 변두리 몬로라는 작은 도시에 예수 전도단(YWAM-AIIM) 본부가 있다. 땅끝까지 복음이 전해지기 원하시는 하나님 뜻에 순종하여 훈련에 임하기로 하였다.

> 너희 안에서 행하시는 이는 하나님이시니 자기의 기쁘신 뜻을 위 하여 너희에게 소원을 두고 행하게 하시나니 모든 일을 원망과 시 비가 없이 하라(빌 2:13, 14)

학생들 중에서 내가 제일 나이가 많았다. 평균나이가 25세였고 거의 미국에서 태어난 학생들이었다. 이들과 6개월을 함께 생활했다. 3개월은 강사님들의 강의를 들었고, 3개월은 선교지로 직접 나가 선교 실습을 했다. 원망과 시비가 없이 하라 하셨는데, 많이 힘들 수밖에 없었다.

> 잘난 체하지 마십시오 악을 악으로 갚지 말고 모든 사람이 다 좋게 여기는 일을 하도록 하십시오 여러분의 힘으로 되는 일이라면 모든 사람과 평화롭게 지내십시오(롬 12:9-15)

중국 선교

북경, 세미한 성령의 음성

2006년 12월 8일, 북경에 왕징이란 곳에는 조선족들과 한국 사람들이 많이 모여 산다. 민박을 경영하는 권사님 집에서 우리 팀원 10명이 합숙을 하였다. 베이징은 많이 발전했다고 하지만 한국의 70년대 정도였다. 급작스러운 변화에 벤츠와 리어카가 길거리에 공존했다. 사람들은 교통신호가 있으나마나 지키지 않는 경우가 많고, 자동차가 인도로 다니는 것을 목격하기도 했다. 그리고 줄서서 기다려야 할 때가 있었는데 약간의 돈을 쥐어주니 무사통과할 만큼 부정도 심했다. 우리나라 1960년대를 상기시켰다.

베이징의 공기는 정말로 나쁘다. 가시거리는 거의 없다. 100m 전방 앞도 볼 수 없을 정도로 공기는 뿌옇다.

첫 주일 베이징에 있는 조선족 교회를 갔다. 우리 팀은 토요일에 교회를 방문하여 크리스마스트리를 장식해 주었다. 교회에 들어가자마자 중국 땅에 오게 하신 하나님의 뜻이 이루어지기를 위하여 간절히 기도하는 중 성령님의 음성이 감동으로 들렸다. '내일 주일날에 네가 간증할 것이다.' '주님, 간증을 시키려면 리더인 단에게 말씀하세요. 내가 감동받았으니 간증하겠다고 말하는 것도 질서가 아닌 것 같은데요!' 10분이 채 못 되어 리더인 단이 내게 왔다. 그리고 내일 간증을 해달라는게 아닌가! 성령님의 음성 듣기를 그토록 사모했는데 이렇게 말씀해 주심이 너무 기뻤다. '성령님! 더 많이 말씀해 주십시오.'

이 날, 지극히 세상적인 나를 주님께서 부르시기 위해 아기 승철이에게 아픔을 주셨고, 기적적으로 치유 받았음을 간증했다. 성령께서 많은 사람에게 은혜를 주셨다. 모든 영광을 주님께 드린다.

선교지의 전투

2007년 12월 15일, 북경에서 시닝까지 30시간 기차를 탔다. 이렇게 장시간 기차를 타보기는 생전 처음이었다. 기차는 침대칸이라고 해서 은근히 기대를 했었다. 그런데 2층 침대가 들어가야 할 공간에 3층 침대를 놓았다. 높이가 낮아서 앉아서 갈 수가 없었다. 거의 30시간을 계속 누워서 가야 하는 것을 상상해 보라.

시닝은 작은 시골 도시였고 북경에 비해 사람들이 친절하고 순박한 것 같았다. 우리는 국제학교가 방학이라 학생이 없었으므로 학교 기숙사를 빌려 머물렀다. 언제나 단체 행동을 해야 하므로 개인기도 시간을 충분히 갖지 못함이 아쉬웠다. 피곤한 채 잠자리에 들면 '주님 아시지요?' 중얼중얼하다가 나도 모르게 잠이 들어버렸다. 다음날 눈을 뜨면 부랴부랴 묵상과 예배로 하루 일과를 시작했다. 오늘은 정말 힘든 날이었다. 이렇게까지 하지 않아도 예수님 잘 믿고 천국 가는데에 지장이 없는데 지금 뭐하고 있는건지 갈등이 되었다.

오래된 기숙사라 문짝이고, 서랍장이고 삐거덕거려 조심스럽게 사용해야 했다. 그래도 침대가 있고 더운 물이 나오니 얼마나 감사한가! 그런데 신기한 일이 있었다. 젊은 사람 모두 화장실 사용하는데 아무 문제가 없는데 나만 화장실을 갔다 오면 물이 내려가질 않았다. 나의 배설물을 다른 사람에게 보인다는 것이 너무나 수치스러웠다. 룸메이트들에게 폐가 될까봐 화장실 청결에 특별히 신경을 썼다. 이 날도 큰 일을 보고 물을 눌렀다. 물론 화장지는 결코 변기에 넣지 않았다. 그런데 물이 내려가질 않고 점점 불어나는 것이었다. 다급한 김에 다시 한 번 더 눌렀다. 아이고~ 물이 더욱 불어나 오물이 변기에서 넘치기 일보 직전이었다. 황급히 옆에 있던 변기 뚫는 펌프로 열심히 펌프질을 했으나 전혀 내려갈 기미가 없었다. 이미 집합시간은 늦었다. 팀원들이 밖에서 기다리니 그냥 뚜껑을 덮어놓고 뛰어나갔다.

　화가 나기 시작했다. 갑작스럽게 더 이상 견딜 수 없다는 생각이 들었다. 시닝 땅을 돌며 땅 밟기 기도를 하고 저녁식사는 물론 중국식이었다. 숙소에 뛰어 들어와 남이 볼세라 변기 뚜껑을 열어봤다. 물은 빠지고 찌꺼기만 남아있었다. 내가 해결할 문제이므로 다시 물을 눌렀다. 오물은 모두 다시 올라왔다. 아무리 애를 써도 허사였다. 인내심에 한계를 느꼈다. 리더 단을 불렀다. 고치는 사람을 빨리 부르라고 하였다. 남자 팀원들이 몰려왔다. 아들 같은 어린 청년들에게 이런 일을 시키다니 수치스럽고 짜증과 스트레스를 감당하기가 몹시 힘들었다.

　당장 짐을 챙기고 돌아가고 싶었다. 옷장 문을 열었다. 업친 데 덮친다고 4명의 코트들이 걸려 있는데 내 코트 두 벌만 싹 없어졌다. 3개월 동안 갈아입을 옷들이었다. '세상에! 이럴 수가…' 미안하지만 못 마치고 가겠다고 팀원들에게 하직 인사를 했다. 선교 여행이 다 끝나도 어차피 우리는 중국에서 헤어져야 한다. 그들은 미국으로 돌아갈 것이고 나는 한국으로 가야 하기 때문이었다.

　리더인 단은 나이에 비해 점잖고 말이 적은 젊은이다. 그런 그가 심각한 얼굴로 "lisa! I need you…" 하는 것이 아닌가! 아마도 엄마 같은 나를 영적으로 많이 의지했었나 보다. '오! 주님, 제가 이곳에 있기를 원하시면, 붙잡을 말씀을 주십시오.' 기도를 하고 성경을 폈다. 눈에 크게 들어오는 글자가 있었다.

　　　네가 만일 환난날에 낙담하면 네 힘이 미약함을 보임이니라(잠 24:10)

'하나님 아버지, 왜 저에게만 이런 일이 일어나는지 다시 한번 꿈에 보여 주십시오.'

다음 날 새벽에 꿈을 주셨다. 화장실 문틀 천장에 손바닥만한 작은 물체가 붙어 있었다. 눈이 동그랗고 밤색 털이 송송 나 있었다. 그 자그마한 물체가 사탄이라고 저절로 알아졌으며 내게 화장실을 들어갈 때, 나올 때 침을 퉤, 퉤 뱉았다. 물체는 손바닥만한데 침방울은 얼마나 크던지…. 아침 예배 시간에 꿈 이야기를 나누었다. 우리는 10명이 한마음이 되어 강력한 영적 전쟁을 하며 기도를 하였다. 과연 합심 기도의 힘은 대단했다. 훈련을 마치고 오는 날까지 한 번도 화장실에 문제가 없었다. 이 기회가 젊은이들에게 영적 전쟁이 무엇인지 알게 하는 계기가 되었다.

우리의 싸우는 무기는 육신에 속한 것이 아니요 오직 어떤 견고한 진도 무너뜨리는 하나님의 능력이라 (고후 10:4)

2007년 12월 17일, 시닝에서 첫 번째 주일을 맞이했다. 이곳에는 교회도 없었고 마음 놓고 예배드릴 장소가 없었다. 오늘은 자유시간이라고 했다. 마음이 많이 불편했다. 우리끼리라도 예배를 더욱 뜨겁게 드리고 기도하고 싶었다. 혼자라도 예배를 드리고 싶어서 먹는 즐거움을 주님께 드리기로 하며 금식을 작정했다. 주님 앞에 머무는 시간을 갖고 싶어서 말씀을 읽었다.

사탄은 어떻게 하든지 관계에 어려움을 주려고 했다. 룸메이트인

노처녀 H자매의 행동, 말투 등 모두 마음에 들지 않았다. 벌써 오래도록 느껴왔지만 계속 참았었다. 예를 들자면 화장실 때문에 있는대로 스트레스를 받고 있는데 "변기에 화장지 넣었죠?" '아~니, 누굴 치매로 아나?' 침을 꿀꺽 삼키고는 '휴~우, 참자…'

그런데 어제 오늘은 더욱 힘들다. 앞으로 두 달 넘게 한 방을 써야 하는데 걱정이 앞섰다. 나이 먹은 사람끼리 엮어주느라고 그런지 계속 나와 한 방을 쓰게 하니 괴롭다. 극도로 말을 아끼기로 했다. 혹시 말을 실수하여 빌미를 잡힐까 기도하고 금식하며, 말씀을 읽으며 하루를 주님과 함께 보내기로 했다.

'주님, 오셔서 제 생각과 마음을 주관해 주십시오. 마음으로라도 사람을 비판하고 판단하지 않게 해 주세요. 주님 말씀으로 무장합니다. 내 식사는 주님께 드립니다. 음식을 먹으면서 느끼는 즐거움과 만족감을 주님께 드립니다. 주님이 주시는 즐거움과 만족감을 공급받기를 원합니다. 주님 오셔서 다스려 주십시오.'

단동, 북한 땅을 바라보며

2007년 1월 2일. 단동은 북한과 가장 인접한 땅이다. 바로 앞에 보이는 압록강을 사이에 두고 북한 땅이라는 사실이 흥미가 있었다. 해만 지면 압록강 건너 북한은 칠흙과 같이 어두웠고, 반대쪽 단동은 불야성을 이루는 것이 아주 대조적이었다.

너는 허리가 끊어지듯 탄식하라(겔 21:6)

북한 땅을 직접 볼 수 있다는 것만으로 북한을 향한 진정한 중보를 할 수 있었다. 밤이 되면 희미한 불빛 하나 없는 그 땅을 보며 내 마음도 어둡고 슬픔으로 탄식할 수밖에 없었다. 더 가까이 가서 중보를 하고 싶어 우리 팀은 압록강에서 배를 탔다. 북한 군인들이 강가를 순찰하고 있었다. 군복을 입었으니 군인인줄 알지 남한 사람의 초등학교 4, 5학년 정도로 왜소했다. '얼마나 굶주렸으면 저렇게 크지 못했을까? 오! 주님, 진정 민족의 아픔이고 저주네요.'

단동에서 목숨 걸고 북한 사역하는 목사님을 만났다. 그 목사님은 압록강을 건너 탈북하는 사람들을 돌봐주며 복음으로 훈련시켜 다시 북한으로 돌려보내서 비밀리에 복음 전하는 일을 하였다. 훈련생인 북한 자매 둘을 만났다 처음에는 우리를 경계하였으나 우리의 진심을 알고는 깊은 대화까지 할 수 있었다. 가져갔던 모든 돈은 감동대로 다 드리고 나니 이제는 빈털터리가 되었다.

대련, 책을 써라

2007년 1월 20일. 대련은 중국에서 가장 살기 좋은 곳이었다. 날씨도 부산 날씨 정도로 춥지 않았고, 바닷가를 끼고 있어서 공기도 좋았다. 또한 이곳은 하나님께서 책을 쓰라고 말씀하신 곳이기도 하다. 우리 방은 싱글 자매 4명이 사용하고 있었다. 오늘은 조선족 자매 두 명이 와서 내 위에 있는 이층침대에서 잠을 잤다.

어젯밤 꿈에 묘령의 여인 집을 방문하였다. 집이 어마어마하게 좋았고 가구도 화려한 부잣집이었다. 그 여인이 내게 말하기를 자기 책을 써 달라고 하였다. 말을 듣는 순간 나는 속으로 '나도 책을 써야 한다는데…'라는 생각이 들었다. 아침에 일어나 바쁘기도 하고 별 의미도 없는 꿈이라 생각하고 기록도 하지 않았다.

　오늘 꿈은 어제 꿈과 연결이 되는 것 같아서 이틀치를 함께 적었다. 알 수 없는 어떤 남자를 보았다. 그 사람을 보는 순간 '아~ 저 분은 스스로 존재하는 분이시구나!'라는 생각이 저절로 들었다. 그분에게 어제 꿈 이야기를 자세하게 했다. "제게 책을 써 달라고 하는데 저를 도와주실 수 있으십니까? 저는 모르는 것이 너무나 많습니다." 그분이 입을 열었다.

　"책을 써라!"

　"언제 써야 하는데요?" "DTS 끝나고 2년 후다."

　잠에서 깬 후 나는 엎드려 주님께 여쭈었다.

　"주님, 정말 제가 책을 써야 하나요? 부끄러워서 어떻게 써요."

스웨덴, 북한연구학교

2007년 9월 21일

NKSS(North Korea Study School)가 스웨덴 YWAM 베이스에서 열렸다. 내가 이 학교에 가기로 한 이유는 평소에 북한의 복음화를 위한 기도를 해왔고, 북한의 실정을 정확히 알아 확실한 중보기도를 드리고 싶어서였다.

그리고 NKSS를 하다 보면 북한에 대한 하나님의 뜻을 알 수 있을까?' 해서였다. 또한, 스웨덴 가는 길에 스코틀랜드에서 공부하고 있는 큰아들을 방문하고 싶었다. 큰아들 크리스! 모든 것을 희생하고 정성 들여 키운 아들, 지금은 위로요 자랑이 되게 해 주신 하나님의 은혜는 언제나 감격과 감동을 준다. 그리고 해산한 며느리와 새로 태어난 아기가 보고 싶었다. (8단원 일상의 기적 참조) 몇주 일찍 출발해서 며느리에게 먹고 싶은 음식을 만들어 줄 수 있다면 두 마리 토끼를 한 번에 잡는다고 생각해서였다.

스웨덴은 위도상 북쪽이라 겨울이 길고 상당히 추웠다. 그곳 YWAM 베이스는 넓은 땅에 유럽풍으로 예쁜 숙소를 여러 채 지어 마을을 형성하고 있다. 이곳에서 여러 나라에서 온 학생들 47명과 15명의 스태프들이 3개월 동안 공동체 생활을 해야 했다.

북한의 사상과 현실, 문제점 등을 배우고, 오랫동안 북한에서 생활한 사람들의 강의를 들었다. 덕분에 스웨덴을 즐긴다 생각하고 학생으로 색다른 경험을 하는 계기가 되었다.

베이스에서 30분 정도 걸어가면 아름다운 섬이 있다. 물이 얼마나 수정처럼 맑고 깨끗한지 들여다보면 내 영혼까지 깨끗해지는 것 같았다. 매일 점심을 먹고 바다를 찾아갔다. 오며 가며 주님과 교제하는 것이 얼마나 행복한 시간이었는지…. 돌아올 때는 배낭 가득 청정지역에서 딴 홍합을 메고 와 동료들과 삶아 먹었다. 이러한 것이 주님 안에서 누리는 소박한 행복이었다.

10월 22일, 네덜란드 순복음교회 이종욱 목사님이 강사로 왔다. 유럽에도 많은 탈북자가 있어 이 목사님은 탈북자 사역 가운데 경험한 일들을 말씀하셨다. 스웨덴과 네덜란드는 그리 멀지가 않아 이 목사님은 차를 운전하고 왔다.

주님은 보너스로 나성숙 자매 김명애 선교사와 함께 목사님을 따라 네덜란드까지 다녀올 수 있는 기회를 주셨다. 그동안 못 먹었던 한식을 배불리 먹고 구경도 하는 특별한 시간을 보냈다. 이종욱 목사님이 담임하는 순복음교회 주일예배 시간에는 김명애 선교사의 베트남 선교 간증과 나의 특송으로 하나님께 영광을 올려드렸다.

스웨덴에 와서도 하나님께서는 매일 영적인 꿈을 주셨다. 그중 80퍼센트의 꿈은 도둑이 들어오는 꿈이었다. 너무나 무서워서 '도둑이야! 도둑이야!' 소리 지르다 4명의 룸메이트의 잠을 깨우곤 하였다.

11월 3일, 오늘도 또 도둑이 들어오는 꿈을 꿨다. 동일한 꿈을 거의 매일 꾼다는 것은 강력한 하나님의 사인이라 생각했다. 비상한 기도를 드리기로 작정하며 금식을 선포했다.

나는 정말 금식을 두려워한다. 체중이 약간 모자라기 때문에 금식을 하면 손이 벌벌 떨리고 어지러워서 웬만하면 금식을 하지 않는다. 성경에 나타난 위대한 기도의 사람들은 어떻게 기도하며 응답받고 승리하게 되었는지 〈다니엘서〉를 읽기 시작하였다.

> 다니엘이 이 조서에 왕의 도장이 찍힌 것을 알고도 자기 집에 돌아가서는 윗방에 올라가 예루살렘으로 향한 창문을 열고 전에 하던 대로 하루 세 번씩 무릎을 꿇고 기도하며 그의 하나님께 감

사 하였더라(단 6:10)

친숙한 말씀이다. 다니엘 기도의 위대함이라면 다니엘은 하나님께 기도를 드리는 것이 알려지면 사자의 밥이 될 것을 알면서도 지속적인 기도를 정해진 시간에 했다는 사실이다. 다니엘의 기도의 삶은 존경스럽고 닮고 싶은 삶이다. 그런데 그날은 "기도하며 그의 하나님께 감사하였다"란 말씀이 충격적으로 다가왔다.

나도 얼마 전 다니엘 기도가 하고 싶어 하루에 세 번 정해진 시간에 한 달 동안 부르짖으며 하나님께 나아갔던 적이 있었다. 그런데 감사하며 기도하지 못했다. 그냥 말씀을 건성으로 읽고 지나갔던 것이다. 이번 금식 기도는 감사함으로 하겠다고 다짐했다.

또 떠오르는 장면이 있었다. 모세가 손을 들고 기도할 때 훌과 아론이 팔을 붙들어주는 장면이었다. 두 아들에게 전화했다. "엄마가 금식하며 특별 기도하기로 작정했는데 너희들도 함께 기도하며 훌과 아론이 되어 엄마를 도와줄 수 있겠니?" 아들들은 흔쾌히 협조하겠다고 하였다. 기한은 무기한이며 하나님이 말씀할 때까지 하겠다고 하였다.

금식 첫날이다. 단체생활을 하는 동안 금식기도는 허락되지 않았다. 나는 사정을 설명하며 겨우 금식을 허락받았다. 오늘은 만찬을 나누며 파티를 하는 날이다. 점심시간에 전숙희 목사와 함께 우리의 기도처인 섬으로 갔다. 전숙희 목사는 50세가 넘도록 결혼도 하지 않고 오직 말씀과 기도로 사는 사람이다. 그분과 기도 동지가 되어 매일 섬에 가서 바위에 앉아 기도하곤 했었다.

둘이 섬에서 예배를 드리는데 전숙희 목사가 하나님 말씀을 받았다. 다니엘이 사자굴에 들어갔을 때 하나님께서 사자의 입을 봉하여 죽음에서 구해 주셨듯이 동일한 하나님의 은혜와 돌봄이 있을 거라고 했다. 그리고 다리오 왕이 하루 금식한 말씀(단 6:18)을 주며 하루만 금식할 것을 권했다.

그러나 나는 주님이 내게도 말씀해 주시기를 기다리며 온종일 섬에서 말씀과 기도로 보냈다. 오후가 되었다. 갑자기 전도서를 읽고 싶은 마음이 들었다. 전도서 9장 7절 말씀이 눈과 마음을 사로잡았다.

> 너는 가서 기쁨으로 네 음식물을 먹고 즐거운 마음으로 네 포도주를 마실지어다 이는 하나님이 네가 하는 일들을 벌써 기쁘게 받으셨음이니라(전 9:7)

"주님! 정말 주님께서 주신 말씀이라면 오늘 밤 꿈에 다시 한번 사인을 주십시오. 그러면 금식을 끝내겠습니다." 감사한 것은 조금도 배가 고프지 않아서 그날은 유독 하루에 두 번이나 섬을 왕복하였다.

그날 밤 꿈을 꾸었다. 내가 예쁜 드레스를 입고 있었다. 웨딩드레스가 아니고 고전 영화에서 귀족들이 입는 페티코트를 받쳐 입은 하얀 스커트에 하얀 블라우스를 입고 있었다. 그리고 뭔가를 샀는데 1,500원에 사서 3,000원에 팔았다. 주님께서 갑절의 복을 주신다는 꿈으로 해석이 되었다. 이어서 어제 주신 말씀, 전도서 9장 7절 말씀이 생각났다. 나의 체질을 아시는 하나님께서는 오래 금식하는 것을 원치 않으심을 느낄 수 있었다. "주님! 응답해 주셔서 감사합니다." 결국, 하루 만에 금식을 마쳤다.

이후 계속 동일한 꿈을 주시고 경고하신 것처럼 시애틀에서 작은 아들이 경영하고 있는 아이 합 레스토랑에서 컴퓨터가 해킹을 당해 통장에서 돈이 줄줄 빠져나가는 일이 벌어졌다. 그래도 그동안 쌓아 놓은 기도 덕분에 수습이 잘되어 감사했다.

11월 16일, 벌써 스웨덴에 온 지 두 달이 지났다. 그동안 북한에서 예수 믿다가 들통나서 비참하게 죽어가는 크리스천들의 생활을 소상히 들으며 정말 간절함으로 중보해야겠다는 사명감을 주셨다.

"주님! 북한을 품고 기도하겠습니다. 언제라도 주님이 북한에 대해 말씀하시고, 제가 그 일에 필요하시다면 순종하겠습니다."

논문을 끝낸 큰아들이 가족과 함께 시애틀에 도착하였다는 소식을 들었다. 나는 여러 학생의 사랑을 뒤로 하고 못다한 아쉬움을 남긴 채 다른 학생들보다 조금 일찍 스웨덴을 떠나기로 하였다. 특히 엘렌 사모님께서 새벽에 떠나는 나를 전숙희 자매, 나성숙 자매와 함께 공항까지 나오셔서 전송해 주셨다. 아쉽게도 그동안 스웨덴에서 찍은 핸드폰에 저장된 잊지 못할 귀한 추억의 사진이 모두 날아가 버렸다. 아마도 핸드폰을 바꿀 때 없어진 것 같다. 그러나 내 가슴 속에는 지워지지 않은 사진들이 아직도 많이 남아 있다.

필리핀 선교

2013년 1월 21-19일까지 필리핀 순회 집회를 다녀왔다. 어떤 사역이 기다리고 있을지 처음 가는 필리핀 선교가 기대되었다.

오늘은 이곳, 내일은 저곳이라 했듯이 매일 매일 다른 도시를 돌며 집회를 했다. 주로 대학교, 중·고등학교를 돌았다. 첫날 집회는 10명 정도 모였고 갈수록 점점 많아져서 60명, 나중에는 300명의 학생들이 모였다. 신기한 것은 한 때 부와 권세의 상징이었던 이멜다의 별장에 거할 수 있는 특혜를 받았다.

길거리 선교를 하였다. 현지 선교사님이 마이크 시스템을 연결하고 선물도 준비했다. 방송을 하자 이 골목 저 골목에서 아이들이 나오는데 순식간에 100여 명이나 되는 어린이들이 몰려들었다. 아이들은 우리가 한국 사람인지 알고 강남스타일을 크게 불러댔다. 우리는 복음을 전했다. 예수님 이야기를 하며 'JESUS! JESUS!'를 복창시켰다. 한 시간을 목이 터져라 복음을 전하고 다시 물었다. 다행히 아이들이 영어를 곧잘 했다.

"우리가 어떻게 해야 구원받지요?" 아이들이 대답했다 "부모님 말씀 잘 들어야 해요."

"오~ 주여!"

천진, 그 한 사람 때문에

2011년 2월 25일

5년 전에 DTS 훈련으로 중국에 갔던 이후 오랫만에 중국에 왔다. 천진에서 약 두 시간 차로 들어온 국제학교는 시골에 있었다. 한국 학생이 60명 정도가 있었고, 기숙사는 전에 중국선교 갔을 때 머물렀던 시닝 기숙사와 같은 분위기였다. 그래도 저녁식사는 돼지갈비찜과 김치, 가지나물, 부추, 오이김치 등 푸짐했다. 가는 날에 비행기 안에서 환상을 보았다.

'호박 부침을 젓가락으로 들어 올리니 기름이 줄줄 흘러내렸다. 이렇게 기름이 흐르니 어떻게 먹나?' 하다가 어렴풋이 의식이 돌아왔다. '아! 기름 부음, 기름 부음이 아닌가!' 하는 생각이 들자 기름이 뚝 그쳤다.

그리고 운동화가 신겨져 있는 발이 보였다. 누구 것인지 모르지만 흙이 잔뜩 묻었고 옆에 잘팍한 물이 있었다. 그리고 운동화에 묻은 흙을 닦는 것을 보았다. 무슨 뜻인지 성령께 여쭸으나 답해 주지 않았다.

중국 하늘은 예나 지금이나 잿빛이다. 날씨는 서울보다 쌀쌀했다. 국제학교 이사로 있는 엄사라 선교사도 반갑게 만났고, 교장 선생님의 학교 소개를 들은 후, 하나님께서는 교장 선생님에게 기도 사역을 할 기회를 주셨다. 감사하게 성령께서 교장 선생님을 강력하게 만나 주셨다. 기도를 받던 교장 선생님은 안락의자에서 내려와 바닥에 무릎을 꿇고 흐느끼기 시작했다. 연세도 듬직하게 드신 남자 분의 눈물은 주님이 주신 진한 회개의 눈물이었다. 비행기 안에서 본 호박 부침에서 기름이 줄줄 흘렀고, 흙이 잔뜩 묻은 더러운 신발, 그리고 잘팍한 물에 신발을 닦던 환상이 생각났다. 이후 예수님과의 첫사랑을 잃고 영적으로 많이 힘들어하던 교장 선생님의 마음에는 많은 회복이 일어났다고 들었다.

우리는 한 영혼을 불쌍히 여기시고 우리를 도구 삼으신 성령 하나님께 감사를 드렸다.

교재를 쓰거라

2022년 2월 1일

그동안의 사역들과 주님이 행하신 아프리카, 필리핀, 캄보디아 등 선교지에서 있었던 일들과 이스라엘을 포함하여 중동 여러 지역을 돌며 경험했던 하나님이 행하신 모든 일을 기록하려면 또 한 권의 책이 필요하다.

COVID 19를 지내며 급변하는 생활 방식은 예외 없이 교회와 예배의 삶에도 변화를 가져왔다. 매일 접하는 뉴스는 어느 나라에서는 몇 명이 걸렸고 몇 명이 죽었다는 소식들이 모든 사람을 경직시켰고, 예전에 없었던 마스크 시대가 되어버렸다. 한국 정부는 코로나가 발생한 어떤 교회는 문을 닫게 했고, 극소수의 인원만 예배에 참석하며 모두 On line으로 전환시켰다.

'하나님 어떡해요?' 울며불며 파죽지세로 밀려오는 코로나바이러스와 기도로 싸우며 나아갈 때 하나님께서는 두 번째 책을 쓰게 하셨다. 출판사로부터 전혀 생각한 적이 없는 소그룹 교재를 써 보라는 요청은 마치 하나님의 음성으로 들렸다. 주님의 말씀은 "내 백성이 COVID 19 팬데믹으로 인해 예배를 잃어가고 있다. 소그룹 교재를 써서 개인과 가정, 소그룹들을 회복시켜라. 내가 네게 행한 기이한 일들을 만민에게 알려라, 말하여라!" 계속 마음을 두드리셨다.

2021년 말, 드디어 『하나님과 친밀한 교제의 삶』을 출간하게 되었다. 미국에 있으며 책을 처음 배송 받자 눈물이 났다. 컴퓨터가 서툴러 밤을 새워가며 한 자 한 자 쓴 책이었다.

하나님의 방법은 참으로 묘했다. 전혀 모르는 교회와 사람들로부터 기도 그룹들이 공부하겠다며 책 주문이 들어오기 시작하였다. 그리고 하나님께서 만남의 복을 주셔서 ZOOM 강의를 할 수 있게 길을 열어 주셨다. 그리고 놀라운 속도로 번져나가 1기, 2기, 3기, 4기 은혜를 사모하는 수강생들이 점점 더 많이 참여하였다. 그리고 WIMU(Washington International Mission University) 기도학 교수로 이 교재로 강의를 하고 있다.

얼마나 감사한지… 또한 LA와 SEATTLE에서 리더들이 세워져 소그룹이 모여 은혜를 나누고 있다. 더욱 주님께 감사드리며 영광돌리는 것은 이 책이 큰 아들 크리스 교수가 변역을 하여 영문판이 출간 되었다. 가족들이 책을 읽고 은혜를 받는 것처럼 감사한 일은 없다. 그동안 책을 쓰며 울고, 힘겨웠던 모든 순간이 감사의 향기가 되어 주님께 올려졌다.

내게 능력 주시는 자 안에서 내가 모든 것을 할 수 있느니라(빌 4:13)

선교회를 세워라

2022년 1월 21일

믿음의 행동이 기적을 만드는 열쇠라고 생각하며, 〈엎드림 선교회〉를 발족하였다. 이미 18년 전 DTS 훈련을 받을 때부터 하나님은 선교에 대해 특별한 마음을 주셨었다. 그리고 오늘까지 주님은 다양한 방법으로 선교에 헌신하게 하셨다.

《하나님과 친밀한 교제의 삶》 책값이 들어오기 시작할 때다. 나에게 이 돈은 세상에서 가장 귀한 돈으로 여겨졌다. "하나님, 이 돈은 아버지의 것이니 따로 모으고 싶은데 어떤 이름으로 은행을 열어야 할까요?" 잠시 후 성령님의 음성이 감동으로 왔다. "선교회를 세우거라!" "네? 제가요? 저는 지금 여러 선교회에 적을 두고 이사로 섬기고 있는데요? 만약 이 생각이 아버지로부터 온 것이 확실하다면 선교회 이름을 주십시오." 아침에 일어나자마자 한 단어가 떠올랐다.

〈UPDREAM〉 나는 혼자 몇 번이고 되뇌었다. '꿈을 올려드리라고? 그것도 꽤 괜찮네! …' 잠시 후 한글로 '엎드림'이라고 써 봤다. 엎드림! 세상에~~ 머리에서 불이 번쩍! 들어오는 것 같았다.

"하나님, 감사합니다! 감사합니다! 이 이름으로 엎드려 기도하는 선교회가 되도록 열방을 품고 기도하며 나아가겠습니다. 지친 선교사들을 회복시키고 위해서 기도하는 터전을 이루도록 하겠습니다. 제가 이제껏 섬겨오던 선교회와 연합하여 주님의 마지막 명령을 지켜 행하기를 원하오니 도와 주소서!"

우크라이나를 향한 첫걸음

2022년 3월 7일

홍상영 권사님을 따라 금요 심야 기도회를 갔다. 지난 주일 처음으로 가 본 교회다. 유혁동 목사님이 온 몸과 마음을 다 바쳐 얼마나 찬양을 열심히 하는지… 아직 서먹하지만 마음껏 찬양을 드리고 싶어서 또 갔다.

기도 시간이다. 방언으로 기도하고 있는데 갑자기 절제할 수 없이 눈물이 후드득 떨어졌다. 예사 눈물이 아니라는 사실을 직감적으로 느낄 수 있었다. 곧이어 허리를 트는 최상의 중보가 터졌다. 방언기도를 하고 있어서 나 역시 왜 우는지 몰랐다. "주님! 제가 왜 이렇게 울지요?" '우크라이나'라는 이름이 떠오르며 이 눈물이 주님의 눈물임을 느끼게 되었다. 처음 방문한 교회! 제일 앞자리에 앉아서 통곡을 하다니… 목사님께 송구했다.

이즈음 LA 이정임 권사와 저녁 8시 30부터 3시간 이상을 찬양과 중보 기도를 매일 드리고 있었다. 성령께서 우리를 기도 파트너로 묶어주신 후 벌써 1년이 되었다.

> 너희 중의 두 사람이 땅에서 합심하여 무엇이든지 구하면 하늘에 계신 내 아버지께서 그들을 위하여 이루게 하시리라 (마 18:19)

우리는 약속의 말씀을 붙들고 기도했고, 여러 응답의 간증을 이루고 있었다. 이때부터 우크라이나를 위해 중보하기 시작했고, 한 분이신 성령께서는 이 권사님에게도 동일한 중보의 영을 주셔서 매일 눈물로 함께 중보기도하게 하셨다. 울고 울다 우리는 마침내 우크라이나를 가기로 하였다. 주님의 눈물이 있는 그 땅을 갑시다! 여기서 울기만 할 것이 아니고, 저들의 필요가 무엇이며 무엇을 위해 기도해야 하는지 직접 가서 봅시다!

아는 사람 하나 없는 그곳, 둘 다 70이 넘은 나이에 마음만 앞설 뿐 현실을 바라보니 앞이 캄캄했다. 아무 계획도 세울 수 없었다. 그러나 우리는 연약할지라도 우리를 기도하게 하신 하나님께서는 모든 것을 다 예비해 주셨다.

우리는 단순하게 TV에서 보았던 전쟁 고아들에게 한순간이나마 웃을 수 있도록 맛있는 캔디 할머니가 되어 주고 싶었다. 아이들에게 인형을 안겨주고 잠시나마 울음을 달래 주고 싶었다. 이렇게 소박한 마음으로 시작한 일이었는데, 하나님은 우리를 통해 큰 일을 계획하셨다. 선교의 베테랑 조영훈 목사님을 보내 주셨다. 영어, 한국어를 자유롭게 구사하는 젊은 목사님은 이미 몇달 전에 왠지 모르게 우크라이나와 접경국인 루마니아에 가라는 감동을 받아서 무조건 다녀왔는데, 그 길이 우리를 위해 답사를 하게 하셨다며 기쁨으로 동행해 주셨다.

또한 우리는 각자 1만불씩 헌금을 하고 생전 처음 모금을 공지하였다. 워낙 시일이 촉박한지라 큰 기대는 하지 않았었다. 하나님의 방법은 이름도 얼굴도 모르는 사람들로부터 혹은 전혀 기대하지 않았던 분들로부터 한국과 미국에서 우리가 기도하고 기대한 것 이상으로 선교비를 모아 주셨다.

하나님께서는 엎드림 선교회를 세우시고 첫 발걸음을 떼는 선교지가 영원히 잊지 못할 전쟁 중인 땅이어서 너무 감사했다.

2022년 3월 22일

조영훈 목사를 리더로 세우고 이정임 권사와 함께 루마니아로 출발하였다. 우리의 발걸음을 하나님께서 기뻐하시며 성령님이 동행하신다는 사인은 이번 선교 여행 가운데 여러 번 확인할 수 있었다. 비행기 표만 해도 우리는 왕복 800불에 끊었는데 다음날 1,500불로 올랐다. 이건 무슨 뜻인가? 과연 우연일까?

23일 수요일 오후 3시 루마니아 수도 부카레스트 공항에 도착하였다. 하나님께서는 가는 곳마다 도울 천사들을 보내셨다. 우리를 픽업해주기 위해 여러 번 도움을 받은 분의 이름이 가브리엘 장로였다. 이것도 우연일까?

숙소에 도착한 후 상원의원의 아름다운 여비서 마리아나와 드미트리우 전직 하원의원을 만나 일정을 의논했다. 그리고 우크라이나 선교사들 중 한국 국적을 가진 선교사들은 모두 추방이 되어 변방 나라에서 구호품을 모아 우크라이나로 보내는 사역을 하고 있었다. 고급 이

태리 레스토랑에서 7명의 선교사들에게 식사 대접을 하고 선교비를 전달해 드릴 수 있어서 감격스러웠다. 그중 한 선교사님은 한국에서 피를 지혈시키는 압박 지지대 100개를 우크라이나로 보내려고 가져왔다. 한 분, 한 분 모두 많이 피곤할텐데 예수님 때문에 표정들이 밝았다.

2022년 3월 24일

새벽 4시, 트럭 5대가 구호품을 싣고 5시간을 달려 강변에 도착하였다. 그곳 사람들은 참으로 느긋한 성격을 가진 것 같다. 루마니아 국경을 넘기 위해 까다로운 절차를 거치는데 3시간이나 걸렸지만 아무도 불평하는 사람이 없었다.

꾸준히 들어오는 난민들이 타고 온 허름한 여객선을 타고 우크라이나 땅으로 들어갔다. 다행히 우리 팀 3명은 모두 미국 시민권 소지자라 무리 없이 우크라이나로 입국할 수 있었다.

우크라이나 Issacea 땅을 밟자 감격이 밀려오며 눈물이 났다. 예수님의 눈물을 생각하며 전쟁이 빨리 종식되기를 기도했다. 아울러 우리 대한민국에 결코 전쟁이 일어나지 않기를 기도했다.

가도, 가도 펼쳐지는 푸른 우크라이나 들판은 비옥했다. 과연 푸틴이 탐낼만한 땅이다. 한 시간쯤 달려가니 Izmail에 큰 창고가 있었다. 거기에는 20여 명의 교회 젊은이들이 가져온 구호품을 내리기 위해 기다리고 있었다.

어느 곳을 가도 이웃의 어려움에 뛰어드는 사람들은 역시 성도들이었다. 난민들을 돌보는 일도, 위험을 감수하며 우크라이나에 구호품을 전달하는 일도, 교회에서 감당한다. 너희는 세상의 빛이라 하셨으니 참으로 감사한 일이다. 젊은 담임목사는 동양 할머니들이 짐을 나른다고 왔다 갔다 하는 것을 보고 말을 걸어왔다. "어디서 오셨습니까?" "미국 시애틀에서 왔지만 우리는 한국 사람입니다." "그런데 여기가 어디라고 오셨습니까?" "대단히 용감하십니다. 혹시 미치셨나요?" "네, 우리는 하나님께 미친 사람입니다."

전쟁 중에도 저들은 농담하는 여유로움을 보여주었다. 나중에 젊은 목사는 눈물을 글썽이며 감사하다고 하였다. 우리는 금세 친해졌으며 젊은 목사는 내 어깨를 감싸고 사진을 찍었다.

2022년 3월 25일

아침 일찍 가브리엘 장로가 왔다. Ruth's project에서 주관하는 난민센터와 그 외에 난민들을 돌보는 몇몇 침례교회를 돌아보았다. 방마다 이층침대를 들여놓았고, 어느 교회는 강대 위, 의자 사이까지 매트리스를 죽 깔아 놓았다. 그러나 저들이 주일 예배에 언어가 달라 알아듣지 못하는 것이 안타깝다. 애로사항이 있다면 우크라이나 난민들은 루마니아어를 못했고 루마니아 사람들은 우크라이나 언어를 못했다. 우크라이나 말을 하는 사람들이 자원봉사를 하고 있었으나 인원이 턱없이 부족했다. 집을 잃고 남편을 전쟁터로 보낸 여인들의 얼굴은 불안과 두려움에 눌려 미소마저 잃고 있었다. 난민과 사진 찍는 것은 금지되어 있어서 사진을 찍지는 못했다. 사람들이 많으니 서너 대의 세탁기가 24시간 돌며 피곤한 듯 소리를 내고 있었다.

우리는 준비해간 초콜릿을 나눠주고, 남자 아이들에게는 미니카, 이 권사는 여자 아이들에게 인형을 나누어 주었다. 루마니아는 참 좋은 나라다. 이웃의 불행을 함께 가슴 아파한다. 공항이고 역전이고 호텔까지 어디든 입구에 언제든지 난민들이 집어갈 수 있도록 생필품을 큰 탁자에 쌓아 놓고 있었다.

　5시간 기차를 타고 수체아바라는 도시에 도착하였다. 이곳은 루마니아에서 우크라이나와 가장 인접한 곳이다.

　밤공기는 아직도 스산해서 옷깃을 여미게 하는데 수체아바 전직 국회의원 어르신이 손수 멋진 포르쉐 자동차를 운전하고 우리를 마중 나왔다. 객지에서 이런 것이 하나님의 은혜 아닌가! 그러나 그분은 영어를 한마디도 못했다. 늦은 시간, 하나님은 준비하신 천사를 기차 역전으로 보내 주셨다. 잠시 후 나타난 그분의 사위가 유창한 영어로 조 목사님과 신나게 소통을 하였다. 그런데 그 사람 이름이 또 가브리엘이었다. 이것도 우연이란 말인가!

　한참을 달려 우리를 데리고 간 곳은 멋진 휴양지 같은 곳에 있는 오성급 호텔이었다. 편히 잘 쉬고 아침은 호텔 뷔페식당에서 맘껏 먹으란다. "하나님 아버지 우리 선교하러 와서 이렇게 호강해도 되나요?"

2022년 3월 26일

　아침이 되어 창문을 여니 아직도 눈이 녹지 않은 산이 바로 보였다. "참 아름다워라 주님의 세계는…하나님 아버지, 왜 이렇게 저희에게 잘해 주세요? 감사합니다!"

화려한 아침 식사를 마칠 즈음 어르신이 우리를 데리러 왔다. 우리는 그분과 한마디 통하지 않아도 구글 번역기를 사용하며 많이 웃었다. 가다가 솔로몬의 궁전과 같은 집을 보여 주었다. 알고 보니 그 집은 그분의 별장이고, 호텔도 그분 소유였다. 왜 그런 분이 우리에게 그리도 잘해 줄까?

하나님 때문이었다. 그분은 재력가이면서도 독실한 크리스천이다.

그분의 사업장에 가서 가브리엘을 만나 수체아바 주지사를 만나러 주청사로 향했다. 이날이 토요일이라 모든 관공서는 문을 닫았지만 어르신 전화 한 통에 주지사는 보좌관들을 데리고 나왔다. 가브리엘이 통역을 하며 오랜 회의를 했다. 한국 의약품을 우크라이나에 보내는데 루마니아로 들어올 경우 무관세로 통과시켜 달라는 주제였다.

그동안 한국의 300개 제약 회사가 Global life sharing이라는 NGO를 만들어 아프칸으로 년간 수백만 달러의 약품을 보냈었다. 이 귀한 약품들이 아프간이 공산화가 되자 공중에 뜨게 되었다. 하나님께서는 그 약품들을 우크라이나로 돌리는 일에 조영훈 목사님을 사용하셨다. 또한 우리 엎드림 선교회에서는 선박과 항공편을 통한 약품 배송비로 12,000달러를 드렸다. 이 일이 계기가 되어 벌써 30억 원 어치 약품들이 루마니아를 거쳐 우크라이나로 보내지고 있다. 나는 하나님께서 왜 이렇게 선교비를 넉넉하게 모아 주셨는지 이제야 깨닫게 되었다.

2022년 3월 27일

이날은 주일이었다. 이곳에서 드미트리우 어르신의 능력은 하나님

다음인 것 같다. 토요일 갑작스러운 전화 한 통에 담임목사는 주일 설교 강단을 조영훈 목사께 양보했다. 그 주일은 특별히 마지막 주일이라 전 가족 예배이며, 성찬식까지 하는 중요한 예배였다. 조 목사의 불을 뿜어내듯 유창한 영어설교와 가브리엘의 통역이 완전 맞춤이었다.

그 교회는 오순절 계통 교회이며, 이름은 빌라델피아 교회이다. 예배실에 들어서자마자 〈약할 때 강함 되시네 나의 보배가 되신 주, 주 나의 모든 것…〉 찬양이 울려 퍼졌다. 우리는 함께 손뼉을 치며 우리말로 소리 높여 찬양했다. 언제 어디서나 동일하게 역사하시는 성령의 운행하심을 느꼈다.

연세가 지긋한 담임 목사는 제일 앞자리에 다리를 꼬고 느긋이 기대어 앉아 설교를 들었다. 10분쯤 지나자 다리를 내리고 반듯이 자세를 고치고, 약 5분쯤 더 지나자 옆에 있던 노트에 적으며 '아멘, 아멘!' 고개까지 끄덕, 끄덕하였다. 주님께 감사하고 얼마나 조 목사가 자랑스러웠는지 모른다.

3시간 동안 드리는 예배에 함께 참석한 아이들의 절제된 예배 태도가 정말 놀라웠다. 루마니아라는 나라의 미래가 기대된다. 성도들의 사모함과 통성기도, 마치 여의도 순복음교회에 와 있는 것 같았다. 이처럼 우리가 사랑하고 우리를 여기까지 인도하신 보혜사 성령님은 어느 민족에게나 동일하게 역사하셨다. 점심은 우크라이나 부지사가 루마니아까지 와서 함께 식사를 하였다. 하나님께서는 예비하신 드미트리우 어르신과 가브리엘을 사용하여 어디를 가나 하늘나라 대사의 대우를 받게 해 주셨다. 모든 영광 주님께 올려 드린다.

2022년 3월 28일

서로 말이 안 통해도 그리스도 안에서 사랑하고 우리를 데리고 다니며 최고로 먹이고 재워준 드미트리우 전 의원님과 사위 가브리엘과 아쉬운 이별을 하였다. "하나님 이분들의 일생에 영과 육이 복을 받게 하시고, 평생토록 귀하게 쓰임 받게 하소서!" 기도하며 부카리스행 비행기를 타고 돌아왔다.

루마니아 여정이 끝나는 날이다. 첫날 만났던 상원의원 비서 마리아나가 국회의사당을 구경시켜 주었다. 세계에서 단독 빌딩으로 미국의 펜타곤 다음으로 큰 빌딩이라는 데 의미가 있었다. 우리는 일반 관광객이 들어갈 수 없는 곳까지 마리아나의 안내를 받으며 구경하였다. 또한 베노니 하원의원이 나와 우리에게 음료수를 사주기도 하였다. 그리고 오후에는 우리를 우크라이나로 데리고 들어갔던 쏘린 목사가 시내 관광을 시켜주었다.

엎드림 선교회의 첫 번째 선교 여행에 함께 동참한 이정임 권사는 우리 선교회의 이사이다. 감사한 일은 선교를 떠나기 몇달 전부터 이 권사의 무릎은 심각하게 인대가 찢어져 한 발짝도 뗄 수 없었다. 교회도 가지 못했고 집 2층 계단을 기어올라갈 정도가 되어 수술 스케줄을 잡았던 상태라고 하였다.

권사님 말을 듣는 순간 내 영이 요동치기 시작하였다. 권사님과 나는 수술 방법이 아닌 하나님 손으로 치료해 주시기를 기도하기로 뜻을 모았다. 매일 밤 LA와 SEATTLE에서 9시에 전화로 감사하며 기도하기 시작했다. 우리의 기도는 무릎만 치유받기 위함이 아니라 여러 성도들을 위하여, 믿지 않는 영혼들을 위하여 열방에 나가있는 선교사들과 한국, 미국을 위하여 매일 중보의 지경을 넓혀갔다. 하나님께서는 중보기도의 영을 시간, 시간 폭포수처럼 쏟아부어 주셨다.

애통함으로 눈물, 콧물을 쏟으며 3시간 정도 기도하는 동안 하나님께서는 권사님의 무릎을 치유하시기 시작하셨고, 아무 문제없이 우크라이나를 다녀올 수 있게 해 주셨다.

작은 신음에도 응답하시는 하나님 아버지는 자그마한 감동에 순종한 우리를 너무나 기뻐하시고 많은 보상으로 갚아 주셨다. 현재 이 권사는 뛰어다니고 등산도 한다. 무릎은 영광의 간증거리가 되었다.

> 내가 복음을 전할지라도 자랑할 것이 없음은 내가 부득불 할 일임이라. 만일 복음을 전하지 아니하면 내게 화가 있을 것이로다 내가 내 자의로 이것을 행하면 상을 얻으려니와 내가 자의로 아니한다 할지라도 나는 사명을 받았노라 (고전 9:16-17)

글을 마치며

이 책은 나의 삶과 생각, 얼굴과 모습이 그대로 드러난 민낯의 결과물입니다. 나는 춤추고, 찬양하고, 기도하고, 꿈꾸며 살았습니다. 하나님은 당신이 행하신 모든 일을 수십 년 동안 영성일기에 기록하게 하셨습니다. 그리고 그것들을 하나, 하나 목걸이를 꿰는 마음으로 정성껏 꿰어 세상에 내놓게 하셨습니다.

한국에서 컴퓨터도 제대로 못하며 한 자, 한 자 쓰는 동안 수없이 좌절했고, 울며 하나님을 불렀습니다. 그때마다 달려와 위로해주고 도와준 김연화, 김은실 믿음의 두 딸에게 감사를 드립니다.

특별히 감사한 것은 두 번째 책, 『하나님과 친밀한 교제의 삶』 영문판을 읽고 은혜를 받은 아들 손자들이, 세 번째 책을 쓸 때는 위로와 격려가 되어 주었습니다, 사랑하는 아들 Chris, Daniel, 며느리 Juliann, 손주들 Karis, Chloe, Solomon, William, Joseph에게 감사를 드립니다.

노트북이 익숙지 않아 밤 늦은 시간에도 부르면 불평 안하고 와서 문제를 해결해 준 덕분에 이 글을 마칠 수 있음에 감사를 드립니다.

마지막으로 원고를 정리하고 출판사에 제출하려고 밤새워 작업한 원고가 흔적 없이 사라졌습니다. 30분 이상을 샅샅이 다 찾아봐도 정작 찾는 파일은 찾을 수 없어 하나님을 부르며 통곡하였습니다. "하나님, 원하지 않으신다면 이 책을 포기합니다." 밤 늦은 시간이었지만 출판사 사장님께 전화를 했습니다. "더 이상은 못하겠어요 이제 지쳤습니다. 이런 일이 일어난 것은 하나님이 이 책을 원하지 않으시나 봐요." 1년 넘도록 씨름한 원고를 포기하고, 울며 노트북을 닫으려 하는데 '창'에 파일이 하나 떠 있었습니다. 30분 넘게 찾고 찾던 그 파일이 어디서 튀어나와 있었습니다. 나는 순간, 손뼉을 치며 소리쳤습니다 "아버지~~감사합니다!" 그리하여 이 책은 하나님이 써 주신 책이라고 담대히 말 할 수 있습니다.

지금도 기도합니다. "이 책을 읽은 분들마다 기도가 살아나게 하시고, 열정적으로, 더욱 꾸준하게 기도하게 하소서. 하나님이 제 삶에 행하신 많은 표적과 기사, 응답 받은 많은 간증을 세상에 내놓고 하나님의 이름을 자랑하게 해 주십시오!"

〈엎드림 선교회〉가 세워지고 최근에 우크라이나를 다녀올 수 있었습니다. 생전 처음으로 모금이란 것을 했습니다. 단시일에 주님께서는 우리가 생각하고 기도한 것 이상으로 채워 주셨습니다.

많은 사람이 반대를 했어도 다녀온 이번 선교 여행을 마친 날, "하나님, 엎드림 선교회가 첫발을 떼었습니다. 이제 주님이 "가라" 하는 곳에는 어디든 가겠습니다. "주라" 하는 사람에게는 아낌없이 주겠습니다." 기도하며 결단하였습니다.

　이렇게 할 수 있는 모든 은혜는 뒤에서 물질로 기도로 후원해 주신 여러분 덕분입니다.

　〈엎드림 선교회〉가 지속해서 하나님의 손과 발이 되어 일 할 수 있도록 도와주십시오. 세계에 나가 있는 선교사들의 성령충만을 위해 기도로 힘을 주고, 저들의 필요를 공급해 줄 수 있도록 힘이 되어 주십시오.

　책을 읽고 은혜 받은 모든 분이 마음을 모아 함께 〈엎드림 선교회〉를 이끌어 주시기를 부탁 드립니다. 저는 생명 걸고 열방에 나가 있는 선교사들에게 어머니가 되어주고, 헐벗고 굶주린 자들에게 사랑을 전하고, 복음을 전하겠습니다. 결단한 모든 분을 예수님 이름으로 축복합니다."

> 오직 너희를 위하여 보물을 하늘에 쌓아 두라 거기에는 좀이나 동록이 해하지 못하며 도둑이 구멍을 뚫지도 못하고 도둑질도 못하느니라. 네 보물이 있는 그 곳에는 네 마음도 있느니라(마 6:20-21)

엎드림 선교회 비전
UPDREAM MISSION VISION

1. 주님 오실 날을 예비하며 거룩한 신부가되어 열방을 품고 기도할 중보자들을 양성·훈련한다.

2. 엎드림 후원 선교사들 중 심신이 지치고 좌절감에 빠져 있는 선교사들을 회복시키는 사역을 한다.

3. 영혼구원과 사회구원을 위해 구제와 복음을 전파한다.

4. 선교지를 순회하며 튼튼히 세우는 일에 조력한다.

5. 파송교회가 없는 선교사들을 파송하고 후원한다.

6. 은퇴 선교사들 돌봄사역을 한다.

7. 성경 말씀을 교육 훈련 사역을 한다.

엎드림 선교 후원 약정서
SPONSORSHIP AGREEMENT

- 이름(Name)

- 주소(Address)

- 전화번호(Phone)

- 이메일(Email)

- 원하시는 후원란에 표시해 주세요. (Check your choice of support)

    ▢ 정기 후원 약정(Monthly support)   ▢ 일시 후원 약정(One time support)
    ▢ 기도 후원 약정(Prayer support)

- 정기 후원 약정 금액(Monthly support of $ Amount)

    ▢ 월 십만 원 이상($100)   ▢ 월 오만 원 이상($50)   ▢ 월 삼만 원 이상($30)
    ▢ 기타(일시 후원은 아래 항목에 기입해 주세요)(Others (Please fill out one time))

- 기타 후원/일시 후원 금액(Others support / $ Amount of one time support)

후원 방법
- USA: (UPDREAM Foundation) Bank(BECU), Routing(32508 140 3) Account(36 20 30 5214)
- Mail: 1639 Harbor Ave sw #403 SEATTLE WA 98126
- 한국: 우리은행(Chun Lisa, 계좌번호 161-143058-12-101)

※ 연락처 : chunlisa1691@gmail.com / lisa1691@naver.com